云南资源型地区 人地系统协调发展 时空演化与模拟

太玲娟◎著

重庆大学出版社

内容提要

鉴于云南资源型地区社会经济发展与环境保护的双重需求,本书从系统效率角度出发,立足效率理论、协同学理论、可持续发展理论与方法,将自然、经济、社会系统纳入人地系统框架内进行综合研究,对云南资源型地区及其人地系统协调发展内涵进行界定,解析云南资源型地区人地系统特征,在建立较为完整的区域人地系统研究理论框架基础上,做如下研究:第一,从效率角度定量判别云南资源型地区人地系统协调发展状态。第二,建立遗传算法优化的 BP 神经网络时间序列预测模型,研究云南资源型地区人地系统协调发展演化趋势,分析人地系统协调发展特征,辨识影响人地系统高效协调发展的因素。第三,揭示云南资源型地区人地系统低效协调状态产生机理,提出人地系统协调优化建议。本书可以作为云南区域发展问题诊断和制定相应政策的参考,也可以作为资源开发利用方面的教学参考书。

图书在版编目(CIP)数据

云南资源型地区人地系统协调发展时空演化与模拟／
太玲娟著. -- 重庆:重庆大学出版社,2024.3.
ISBN 978-7-5689-4530-1

Ⅰ. K927.4

中国国家版本馆 CIP 数据核字第 202419F6T1 号

云南资源型地区人地系统协调发展时空演化与模拟

太玲娟 著

策划编辑:沈 静

责任编辑:李桂英　　版式设计:沈　静
责任校对:谢　芳　　责任印制:张　策

*

重庆大学出版社出版发行
出版人:陈晓阳
社址:重庆市沙坪坝区大学城西路 21 号
邮编:401331
电话:(023) 88617190　88617185(中小学)
传真:(023) 88617186　88617166
网址:http://www.cqup.com.cn
邮箱:fxk@ cqup. com. cn(营销中心)
全国新华书店经销
重庆市正前方彩色印刷有限公司印刷

*

开本:720mm×960mm　1/16　印张:14　字数:201 千
2024 年 3 月第 1 版　　2024 年 3 月第 1 次印刷
ISBN 978-7-5689-4530-1　定价:59.00 元

③纵向测度资源型地区人地系统协调发展度。基于本书建立的协调发展测度指标体系和协调发展测度模型,对 1995—2017 年云南资源型地区人地系统协调发展度与综合效率进行测度。同时,结合 GA-BP 神经网络时间序列预测方法得到要素层指标 2018—2025 年的数据,通过评价模型对人地系统未来发展状态进行模拟分析。研究结果显示,在不考虑系统综合效率的情况下,1995—2017 年云南资源型地区人地系统协调度及协调发展度均呈上升趋势,均值由 0.31 提高至 0.74,表征出人地系统较好的发展趋势。但基于协调发展度约束下的人地系统发展综合效率值呈下降趋势,反映出这部分地区高污染、高消耗、低产出的发展模式没有得到改善,人地系统处于低效协调发展状态。2018—2025 年,人地系统同样处于低效发展水平,且协调发展度呈下降趋势。

④横向测度云南资源型地区人地系统协调发展水平。对资源型地区与云南其他地区人地系统发展状态横向测度表明,资源型地区人地系统协调度及协调发展度平均水平优于其他地区,但人地系统综合效率值却明显低于其他地区。

⑤揭示云南资源型地区人地系统协调发展机理。人地系统存在于特定的时空范围内,其形成、发展和演化具有一定的阶段性。通过对云南资源型地区人地系统演化历程分析,结合人地系统演化轨迹,可将其分为 3 个阶段。第一阶段,人地系统发展主要受自然子系统中环境和资源禀赋因素的影响。第二阶段,经济和社会子系统发展加速,自然子系统存量减小,污染、能耗成为阻碍系统良性发展的主导因素。第三阶段,协调发展度趋于平稳,系统综合效率、科技水平将成为人地系统演化路径分异的关键因素。

上述研究丰富了人地系统协调发展的内涵,揭示了云南资源型地区人地系统协调发展演化的机理,对把资源优势转化为经济优势,推动云南实现跨越式发展有一定的理论和实践意义。

本书得到云南省科技厅科技计划项目地方高校联合专项面上项目(202101 BA070001-097)、昆明学院引进人才科研项目(XJ20230002)的支持。

太玲娟

2024 年 1 月

目　录

1

绪 论

1.1 研究背景与意义

1.1.1 研究背景

人地系统是人与地相互联系、相互作用形成的动态系统。"人"是这一系统的主体,"地"是人类生存和发展的载体,为人类社会、经济的发展提供必要的物质基础。在单纯追求经济发展的工业化进程中,人类对自然界开始了基于自身需求的掠夺式开发利用,由此引发了环境污染、生态退化、资源耗竭等一系列严重问题。这些问题背后隐藏的是人类发展观念不合理而导致的人地关系的失衡。

在传统发展观念下,生产规模随着人类对物质需求的增大而不断扩大,但这种有增长无发展的低效率生产方式使人地关系不断尖锐,甚至蔓延成为全球性问题。人类在面对日益突出的资源与环境问题时,逐步谋求人地关系的和谐与统一,协调论观点应运而生。

新的人地关系思想要求构成人地系统的各子系统之间及系统内部要素之间应相互配合、相互促进,寻求自然生态系统平衡,经济生产系统低投入、无污染、高产出,社会子系统制度完善、运行平稳地高效发展。1980 年,国际自然保护同盟(IUPN)在《世界自然资源保护大纲》中提出"必须研究自然的、社会的、生态的、经济的以及利用自然资源过程中的基本关系,以确保全球的可持续发展"。1992 年,联合国环境与发展大会(UNCED)通过的《地球宪章》明确提出环境保护和经济发展相互协调、持续发展的观点,并在与会国之间达成共识。因此,在目前情况下,任何一个国家要实现本国综合国力持续增强,都无法回避资源、环境、经济、社会之间的协调与整合。

回顾我国改革开放以来,随着工业化、城镇化、全球化和市场化的高速推进,以资源、空间、资金、人力高投入为代价的发展促使人地矛盾日益尖锐,人地系统发展处于非协调或低效协调状态。进入 21 世纪,我国对人地关系协调发展更加重视。党中央结合中国国情,提出"全面协调发展"和"可持续发展"相结合的科学发展观,强调要实现人口、资源环境同经济的共同发展,把经济社会发展切实转入全面协调可持续发展的轨道。

2013 年,《国务院关于印发全国资源型城市可持续发展规划(2013—2020年)的通知》(国发〔2013〕45 号)发布,根据《全国资源型城市可持续发展规划(2013—2020 年)》,我国的资源依赖型经济地区主要集中在东、中、西部,而西部地区以云南为典型代表。党的十九大报告明确指出中国经济已经进入由高速增长转向高质量发展的新阶段。要转向高质量发展,就必须摒弃仅依赖资源开采和初级加工的粗放型增长方式,而是要追求效率更高、供给更有效、资源配置更合理、发展可持续的增长。高质量是协调发展的内在要求,协调是高质量发展的外在体现。同时,生产要素、生产力、全要素效率的提高是高质量发展的微观基础。为此,分析人地系统发展非协调或低效协调状态形成机理,重视自然、社会、经济资源的转换效率,将资源节约和生态保护融入人地系统持续发展机制中,研究提高人地系统综合效率、促进人地系统高效协同发展,对我国实施可持续发展战略具有一定的理论支撑,也是实现高质量发展的实践要求。

云南省是自然灾害多发区,囊括了地震、滑坡、泥石流、洪涝、干旱、低温冷害等大部分自然灾害。这一方面源于云南脆弱的生态环境;另一方面与长期低质量的发展及粗放的资源开发利用方式密切相关。尤其是国家实施西部大开发战略以来,东中部发达地区一些高耗能、高污染的企业随之迁移到西南地区,这在加快区域工业重型化程度的同时也导致当地资源短缺、环境污染等状况愈加严重,自然灾害损失有明显增长趋势。2018 年,云南全省自然灾害以洪涝、地质和地震等灾害为主,低温冷冻、雪灾、风雹和台风等灾害也有不同程度发生。各类自然灾害共造成云南 16 个州(市)122 个县(市、区)482.82 万人次不同程度受灾,因灾死亡及失踪 85 人,紧急转移安置 12.70 万人次;倒塌房屋 1.01 万间,严重损坏 3. 99 万间,一般损坏 10. 05 万间;农作物受灾面积 276. 65 千公顷,其中绝收 46. 45 千公顷;灾害造成直接经济损失 141. 54 亿元[①]。频繁的自然灾害给云南资源型地区的进一步发展带来较大压力。

在"一带一路"倡议、兴边富民行动、集中连片扶贫开发、西部大开发等战略背景下,云南既要寻求自身发展,更肩负着保护国家生态安全的重大责任。面对"人"与"地"之间矛盾日益突出的现实问题,云南发展的落脚点在于改变传统的"牧童经济"模式,促进资源的高效转化,实现人地系统高效、协调的可持续发展。

综上所述,本书选取云南资源型地区,即云南资源依赖型地区为研究对象,对人地系统进行结构划分,建立人地系统协调发展测度体系,构建人地系统协调发展度及综合效率测度模型,测度区域人地系统协调发展水平,分析人地系统协调演化进程,进而揭示人地系统高效协调发展的形成机理,为合理开发和利用资源,促进云南人地系统可持续发展提出优化建议。

1.1.2 研究意义

(1)理论意义

人与环境协调共进的人地系统协调论思想已经成为生态文明时代人地关系研究的主旋律,国内外不同领域的学者都对这一课题进行广泛的研究,并逐渐呈现出多学科交融的趋势。过往研究在人地系统协调发展演化过程、影响因素、协调程度、测度方法等方面已进行了有益探索,取得了丰富的研究成果。但是,在指标体系设计和进行非均衡发展原因分析时只考虑了自然子系统及经济子系统要素,忽略了社会公共服务和社会福利等社会子系统要素,且主要注重对人地系统协调发展的结果——协调发展度的测度,对其发展过程中的质量——效率问题关注不够。因此,根据区域协调发展的科学内涵,将社会子系

---

① 国家统计局能源统计司. 中国环境统计年鉴·2019[M]. 北京:中国统计出版社,2021.

统方面的指标纳入测度体系,并基于数据包络分析方法(DEA)建立的综合测度模型,从系统整体效率的角度出发研究协调发展水平,更能客观衡量区域人地系统的协调发展质量。同时,基于对人地系统发展效率的测度分析,探索人地系统非协调或低效协调发展状态形成机理,以及协调优化建议是对人地系统协调理论的有益补充和完善。

（2）实践意义

云南拥有"肩挑两洋,连接三亚"的重要地理位置。作为我国乃至东南亚地区的一道重要生态安全屏障,云南省生态环境安全对环珠江水源的保护、长江中上游生态环境治理、东亚及东南亚其他国家生态治理发挥着十分重要的作用。云南拥有丰富的林业、畜牧业、有色金属、水力资源。因此,云南的发展在政治上、生态上和经济上都有极其重要的战略地位。云南肩负着生态环境保护及社会经济发展的双重任务,只有全面协调、均衡发展才能实现区域的可持续发展。将自然、经济、社会子系统中关键要素纳入人地系统框架内进行综合协调,分析人地系统演化规律及其影响因素,针对其发展过程中存在的不同问题,探索云南资源型地区人地系统协调发展途径,对促进云南共同繁荣和全面协调发展具有重要的实践意义。

改革开放 40 多年来,我国区域发展差距的内涵不断丰富,逐渐从缩小地区之间的经济发展水平差距,转向在尊重地区自然差异的基础上,缩小地区间社会发展及生态建设水平差距。云南发展必须适应我国经济发展的新常态,由经济高速增长阶段向高质量发展阶段转变,注重人地系统协调发展的整体效率,正确处理好绿水青山和金山银山的关系。因此,从系统整体效率角度出发,通过对考虑资源有效利用、社会发展水平在内的云南资源型地区人地系统协调发展问题的研究,符合高质量发展的内在要求,有利于为我国切实缩小东西部发展差距,实现共同富裕提供新的切入点。

1.2 国内外研究现状

1.2.1 人地系统的定量研究方法

随着人地关系和人地系统研究的深入,以及相关理论基础、信息技术、计量分析模型的成熟,关于人地系统的哲学思考不断升华,理论体系更加完善,研究方法也逐渐朝着多角度、多尺度、系统化的定量分析方向发展,协调耦合度模型、系统动力学模型、脱钩指数、物质流模型、能值效益分析、空间分析、生态足迹评估模型、综合集成评价等定量分析的方法得到了广泛应用。

在人类对人地关系问题的思考过程中,可持续发展理念对人地关系研究的指导意义不断得到深化,对区域可持续发展状态的测度和监测在研究人地关系及人地系统中得到有效利用,并产生了"可持续度"、年可持续指数、可持续性等概念。承载能力分析曾是人地关系研究的热点,学者们多从土地资源、水资源、生态环境、经济等方面的承载能力进行分析,并趋向于对生态脆弱区人地系统承载能力的动态模拟研究。1972 年,《增长的极限》(*Limits to Growth*)一书应用系统动力学建模方法,分析和模拟了世界人口、粮食、资源、环境、生活质量等可持续发展问题,之后系统动力学在对复杂系统资源环境压力、系统发展趋势模拟中得到广泛应用。哈斯巴根、李同升等基于系统运行机制与指标体系的构建,应用系统动力学,从粮食安全的角度对农业区域人地系统演化过程进行了分析和模拟。王建华、顾元勋等基于系统动力学模型,提出人地关系冲突模型、掠夺模型以及和谐模型,由此推论人与自然长期和谐共存的条件。1981 年,Timmerman 在地学领域提出了脆弱性的概念,将其定义为系统在灾害事件中产生不利响应程度。国内外有关人地系统脆弱性的分析模型及框架主要有压力释放模型(PAR)、地方-风险模型、BBC 框架、Vulnerability Scoping Diagram(VSD)评估框架、Airlie House Vulnerability(AHV)分析框架等。1992 年,加拿大学者 William Rees 和 Mathis Wackernagel 提出生态足迹的评估模型,这一模型在世界自然基金会(WWF)两年一度的《地球生命力报告》(*Living Planet Report*)中得到应用,并逐渐推广。张远索、张占录等结合 GM(1,1)模型,利用改进的生态足迹模型分析了北京市人地关系现状及耕地面积和人口数量的变化趋势。耦合及耦合度是描述系统中各子系统相互作用关系及协同有序程度的概念,因此也被广泛用于人地关系及人地系统的相关研究。赵文武、刘月等基于生态系统服务与人地系统耦合研究框架,系统梳理了生态系统服务评估和权衡、影响因子分析、供给流动与需求等研究前沿,提出了未来生态系统服务研究的重点领域。赵兴国、潘玉君等构建人地关系协调度模型研究西藏人地关系,分析西藏人地关系协调发展的状态。20 世纪 90 年代后,3S 技术的普遍使用加强了不同尺度人地关系研究的可操作性和可视化水平。刘继生、陈彦光基于 GIS 技术,并结合数理统计方法建立了以元胞自动机(CA)为核心综合集成模型体系,对智能化 CA-GIS 模拟方法做出初步设想。刘建国、王琳运用 GIS 技术的空间叠置分析、缓冲区分析、坡度与坡向分析、水文分析、可视域分析等技术研究山西省临汾盆地的古代人地关系。在人地系统中,人类活动和地理环境双方之间以及各自内部存在着多种直接反馈作用。其主要表现为自然资源对人类发展的支撑和促进及自然灾害对人类生产、活动的抑控和限制方面,以及人类以可控资源投入的方式防治灾害,开发不可控资源获得资源的产出的方面。由此,吴传钧指出人与地之间的相互作用在投入产出过程中得到了充分的体现,投入产出是人地系统中最基本的双向作用过程。彭焜、朱鹤等从社会经济网络的视角出发,基于系统投入产出和生态网络分析方法构建了能源-水耦合网络核算框架,对湖北省2007 年和 2012 年的能源-水资源的耦合关联关系进行了量化研究。

1.2.2　资源型地区发展研究

随着全民环保意识的加强,生态文明理念深入人心。而资源型地区在长期粗狂式的发展模式下,不断出现资源枯竭、产业退后、经济发展缓慢等问题。当代学术界的研究热点之一为如何破解当下发展不足,为资源型地区可持续发展提出对策建议。对于资源型地区的转型发展实践,大部分学者是基于本地区的实际情况来展开研究。具体来说,发展思路大致可以概括为以下 3 个方面。

（1）经济结构转型研究

对于经济结构的转型研究是资源型地区研究的传统内容,加拿大著名地理学家 J. H. Bradbury 通过对加拿大和澳大利亚的实证研究,提出了解决资源依赖型经济区域转型中面临困境的对策,如有计划地建立早期预警系统;制定财政援助政策,积极进行转岗培训;建立社区赔偿基金和专项保险机制;促进地区经济基础结构的多样性;进行区域统一规划,建立经济结构之间的联系等。这些是这一时期比较有代表性的理论。

（2）资源型地区劳动力研究

资源型地区的劳动力结构特征和迁移不同于其他地区。J. H. Bradbury 研究了人口迁移的规律,他指出,采掘业具有强烈的周期性,兴盛期,就业岗位多,劳动力迁入;衰退期,劳动力迁出。如果没有这些零散的、机动的、弹性的和具有一定技能和素质的劳动力存在,采掘业将难以顺利运作和长远生存。

（3）资源型地区发展生命周期理论

1929 年,赫瓦特依据区域矿产资源的加工利用程度,提出了矿区城镇的五阶段发展理论。1971 年,R. A. Lucas 提出了单一工业城镇或社区发展的四阶段:第一阶段为城镇或社区的建设期;第二阶段为参业人员雇佣期,在这个时期,人员流动性高,性别比例失调,人口出生率高;第三阶段为过渡期,社区稳定性增强,参与意识日渐浓厚;第四阶段为成熟期,劳动力的流动性降低,退休人员增多。之后,J. H. Bradbury 对该四阶段理论进行了扩展,提出了第五和第六阶段,即下降阶段和关闭阶段。

1.2.3 资源依赖型区域转型对策研究

相比西方发达国家,我国的工业化道路起步相对较晚,但发展速度较快。在短短几十年间从无到有,从弱到强,不断发展壮大。在我国工业化过程中,大部分资源型地区工业化发展走的是一条高投入、快增长的粗放式经营道路,由此造成经济发展质量差、资源开发利用效率低和生态环境破坏等后果。从实际发展效率来看,这些地区工业的劳动生产率和投入产出率失衡现象严重。为解决资源依赖型经济面临的问题,我国在改革开放以来逐渐进行了产业结构调整和转型升级,推动了经济发展模式的转变。学者们也围绕构建以创新驱动、绿色发展和高质量发展为导向的经济新模式做了大量研究。对于资源型地区如何实现经济的转型发展,主要有以下几种观点。

(1)调整内部经济结构

这种观点认为,由于资源型地区经济发展的内生性缺陷,例如,主导产业单一化,经济结构不合理,可持续发展能力差,社会问题严重等,因此,转换发展模式,实现经济社会转型,已经成为资源型地区刻不容缓的战略任务。这种观点主要侧重于资源型地区经济内部的结构调整,比如工业的综合发展,城市的布局规划,产业的更新换代等,而没有研究怎样对外部资源进行有效利用来推进本地区的经济结构转型。

(2)利用外部资源环境

很多依赖自然资源发展起来的地区如今陷入了困境,原因在于其经济模式存在结构上的缺陷。应该利用经济发展的客观规律,构筑政策、环境、文化等"人造洼地"。即利用已有的资源优势,创造理想的经济和社会人文环境,使之对各类生产要素具有更强的吸引力,从而形成独特竞争优势,吸引外来资源向本地区汇聚、流动,弥补本地资源结构上的缺陷,促进本地区经济和社会的快速发展。

（3）分阶段确定发展目标

资源依赖型经济发展有其特有的周期性，都会经历成长期、成熟期和衰退期。资源依赖型经济体的发展周期体现在自然资源的有限性，要实现资源依赖型经济体的可持续发展，关键是要结合资源依赖型经济发展的周期性，适时推进产业转型和完善经济功能，根据资源产业所处的不同发展阶段，选择相应的调整思路和发展目标，采取不同的政策措施。

1.3 研究内容和目的

1.3.1 研究内容

云南各地域之间社会经济发展不均衡、不充分，且社会资源产出效率普遍不高。分析与研究云南资源型地区人地系统协调发展状态，对人地系统协调发展效率进行测度，探索系统非有效或低效协调发展状态的形成机理，为把资源优势转化为经济优势，推动云南实现跨越式发展提供理论支撑。本书围绕选题的研究背景和意义，主要进行如下研究。

（1）界定人地系统及协调发展内涵

综合自然、经济、社会子系统属性，构建云南资源型地区人地系统，选取效率为系统目标，界定人地系统协调发展的内涵。对国内外现有研究文献梳理分析，选择效率理论、协同学理论，以及可持续发展理论，建立人地系统协调发展理论基础，提出基于效率视角的人地系统协调发展分析方法。

（2）划分人地系统结构，建立人地系统协调发展测度指标体系

在人地系统建立的基础上，划分人地系统结构单元，分析自然、经济、社会子系统属性，以及子系统之间的协调发展关系。基于文献调研、频度统计等方法，兼顾人地系统协调发展测度体系的构建原则，对指标进行预选、筛选，确定

指标测度体系。

（3）构建人地系统协调发展度及综合效率测度模型

对构建的指标体系数据进行标准化,采用熵值法确定底层指标权重,计算子系统发展度。依据系统协调理论和生态-经济-社会协调发展的内涵,建立基于离差系数最小化的协调度模型,测算子系统之间的协调性、发展度和协调度,构建协调发展度模型。采用反映系统投入产出效率的数据包络分析(DEA)方法,建立在协调发展度约束下的人地系统协调发展综合效率测度模型。

（4）测度人地系统协调发展水平，模拟人地系统协调发展演化进程

对云南资源型地区人地系统协调发展度进行测度,将协调发展度作为输入约束,采用数据包络分析方法,纵向上测度1995—2017年云南资源依赖地区人地系统协调发展演化过程,横向上对2017年云南各地区及中国总体协调发展状况进行对比分析。应用GA-BP神经网络时间序列预测方法,以1995—2015年数据作为学习样本,2016—2017年作为测试样本,对2018—2025年数据进行模拟,并对模拟结果进行分析,预测云南资源型地区人地系统协调发展趋势。结合纵向分析、横向分析及预测结果,明确云南资源型地区人地系统发展过程中存在的问题。

（5）揭示人地系统低效协调发展状态形成机理，提出系统协调优化建议

在云南资源型地区人地系统协调测度、协调发展测度、协调发展效率测度,以及人地系统协调发展动力演化研究基础上,揭示其人地系统低效协调状态产生机理,提出云南资源型地区人地系统高效协调发展的优化建议。

1.3.2 研究目的

在资源型地区社会经济发展与环境保护双重需求下,经济、社会发展对自然子系统资源环境需求无止境性与自然子系统资源环境供给有限性之间的矛盾日益尖锐问题,本书从系统效率角度出发,立足效率理论、协同学理论、可持

续发展理论与方法,将自然、经济、社会系统纳入人地系统框架内进行综合研究,对人地系统及其协调发展内涵进行界定,解析云南资源型地区人地系统特征,在建立较为完整的区域人地系统研究理论框架基础上,实现以下目标。

①从效率角度定量判别云南资源型地区人地系统协调发展状态。以人地系统基本结构为出发点构建指标体系,运用协调发展度模型对云南资源型地区人地系统协调发展度进行衡量,并运用数据包络分析(DEA)方法中的 CCR 模型,从时间和空间维度定量评定云南资源型地区人地系统协调发展状态。

②建立遗传算法优化的 BP 神经网络时间序列预测模型,研究云南资源型地区人地系统协调发展演化趋势,分析人地系统协调发展特征,辨识影响人地系统高效协调发展的因素。

③揭示云南资源型地区人地系统低效协调状态产生机理,提出人地系统协调优化建议。为缓和云南社会经济发展、资源开发与自然环境保护之间的矛盾提供决策支撑。

1.4　研究方法与技术路线

本书围绕上述研究内容及目的,构建云南资源型地区人地系统理论框架,并结合数理分析方法建立人地系统协调发展测度指标体系。根据云南资源型地区人地系统协调发展内涵,建立基于离差系数最小化的协调度模型,测算子系统之间的协调度,进而构建协调发展度模型。采用反映系统投入产出效率的数据包络分析(DEA)方法,建立在协调发展度约束下的人地系统协调发展综合效率测度模型。同时,建立遗传算法优化的 BP 神经网络时间序列预测模型,对人地系统发展度、协调度、协调发展度、协调发展效率进行预测。基于测度结果,依据匹配准则,对人地系统协调发展与综合效率进行等级划分,并揭示人地系统协调发展演化机理,提出人地系统高效协调发展的优化建议。基于上述研究方法和思路,设计本书技术研究路线图,如图 1.1 所示。

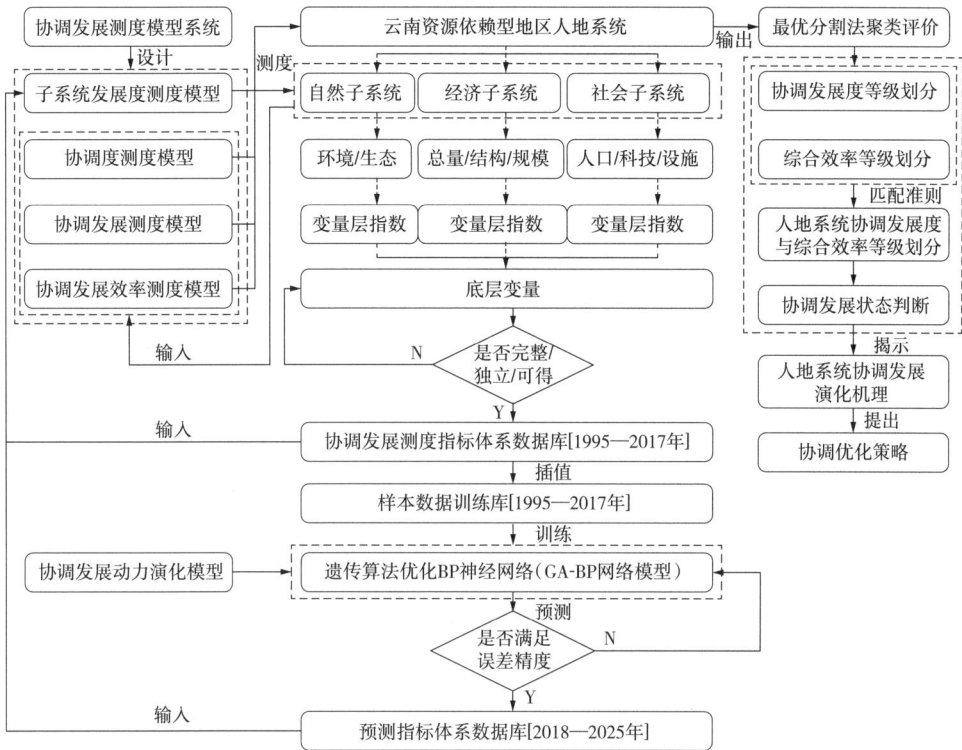

图 1.1 技术研究路线图

1.5 可能的创新

1.5.1 丰富了人地系统协调发展的内涵

本书将人地系统协调发展定义为以实现系统整体效率最大化为导向,自然、经济、社会子系统之间配合得当、相互促进的可持续发展状态。这一定义不仅反映了人地系统协调发展的最终结果——协调发展度,而且揭示了人地系统协调发展的实现过程——系统综合效率。人地系统协调发展的理想状态是,系统具有较强的自我调节能力,使经济子系统能在合理开发、利用资源的基础上,以较少的污染排放产出较多的符合社会需求的产品,社会子系统的人口素质、人的生活水平得到提高,最小化社会、经济子系统发展给自然子系统带来的影响和破坏,改善自然环境的供应状况。而这一状态实现的过程即系统综合效率实现的过程。

1.5.2 改进了人地系统协调发展测度模型

引入效率理论,将人地系统视为一个多投入和多输出的生产系统,兼顾发展度、协调度、综合效率多维度的设计思路,对已有的人地系统协调发展测度模型进行改进。该模型与已有的人地系统协调发展测度模型相比,不仅可以测度人地系统各子系统的发展度、系统的协调度、系统的协调发展度,更为重要的是可以测度系统发展过程中的综合效率,为促进人地系统高效协调发展演化提供理论支撑。

1.5.3 提出识别人地系统时域特征的量化方法

采用最优分割方法对人地系统协调发展度和综合效率测度结果进行聚类,划分协调发展度与综合效率等级,建立两者之间的匹配准则,依据该准则可清晰识别不同区域人地系统在不同发展阶段的特征。在以往研究对协调发展和非协调发展划分的基础上,进一步将人地系统协调发展类型细分为 4 级 16 类。这对人地系统协调发展优化建议的提出更具指导性。

1.5.4 揭示了云南资源依赖型地区人地系统协调发展演化的关键因素

已有研究多为对人地系统历史发展过程中的影响因素作出分析。本书在对云南资源型地区人地系统未来发展趋势研究的基础上,提出系统综合效率、科技水平将成为云南资源型地区人地系统演化路径分异的关键因素。

2

理论基础

2.1 人地系统理论

2.1.1 人地系统思想的演化

人地关系是人们对人类活动与地理环境之间关系的简称,在英语国家表述为"人类与环境的相互作用"(Human-Environment Interaction)。人地关系的经典解释认为,地理环境是自然环境的同义词,因此,人地关系即人类社会及其活动与自然环境之间的关系;人地关系的非经典解释则将地理环境看作由自然和人文要素构成的地理环境整体,而人地关系则指人类社会生存与发展或人类活动与广义地理环境之间的关系。人地关系中的"人"并不是指自然状态的"人"这一个体,而是指在一定地域空间中、在一定的生产方式下从事社会、生产活动的人及由其产生的社会经济综合体。"地"是指人类赖以生存,并受人类活动影响与改变的地理环境,包含自然环境及人文环境。人地关系包含人对自然的依赖性、能动性以及地理环境对人的影响和反馈两个方面。人类通过有意识的社会、经济活动对地理环境进行适应、利用和改造,从地理环境中提取生产资料,通过物质生产使环境资源转化为可以消费的生活资料,不断改变着自己生存的物质条件,从而改变着周围的地理环境;地理环境按照固有的规律和法则影响着人类活动的地域特性,制约着人类的生产及生活方式,并对人类的行为进行反馈。

人地关系形成于一定的生产和社会关系下,是一种带有社会和历史烙印的辩证关系。人地关系在人类活动与地理环境的相互作用和物质交换过程中,随着人类科技、文化和生产力发展水平的提高以及人类认识、利用地理环境能力的增强而不断发展演变,其内涵也随人们的认识不断地得到深化,并经历了天命论、决定论、或然论、征服论和协调论演变过程,人地关系思想演变见表2.1。

表 2.1　人地关系思想演变

理论	存在时期	产生原因	具体体现
天命论	人类社会发展初期	人类的认识活动有限、实践活动受社会存在制约明显,人类对自然存在较强的敬畏和依赖	祖先崇拜、图腾崇拜、自然崇拜
决定论	农业文明早期	对自然敬畏心理减弱,直接作用于自然客体的小规模生产活动,从实践活动中逐渐认识到地理环境的差异性及其对人类生产活动的整体性影响	认为地理环境是人地系统中的决定性因素,人只能被动适应环境
或然论	农业文明时期	意识到人类对不同自然环境产生不同的反应,人类对自然环境的反应状况也受到人类个体性格特征、认知意识、传统习惯、选择方式等的综合影响	法国地理学家维达尔·白兰士指出人类在相同自然环境下生活方式的不确定性
征服论	工业文明时期	社会科技飞速进步、生产力迅猛发展,人类对自然界开始了基于自身需求的掠夺式开发利用	"人定胜天""人类中心论"
协调论	工业化后期	人口-资源-环境问题日益突出,人类对以往经济活动所存在的问题进行反思	英国学者罗士培提出人类需要主动地不断适应自然环境对人类的限制

（1）天命论的人地观

在地理大发现以前的古代地理学时期,天命论的思想一直占统治地位。在人类古代社会,生产力水平处于低级阶段,科学技术的发展基本上还限于直观、表面地观察和记述自然现象,人对自然界的运动规律及其对人类生活的影响找不到合理的解释,只有归结为某种超自然力量的作用,认为自然变化、社会运行和人的命运受某种超自然力量的主宰,人类必须而且只能屈服和顺从于它。天命论是一种具有唯心主义倾向和宗教色彩的思想观念,其中包含人类最早的环境观,它以原始宗教的面目出现,经孔丘、墨翟、孟轲、董仲舒等人的不断改造,产生和盛行于古代社会。这一阶段,人对自然界是一种依附或顺应的关系。虽然某些先哲凭其"天才直觉"而具有自发唯物主义和朴素辩证法的自然观,但占统治地位的哲学思潮是唯心主义和宗教神学的天命论。殷墟卜辞中的"帝令雨足年、帝令雨弗其足年",即认为晴雨变化和年成好坏都是上帝的旨意,只能听天由命,孔子强调"君子三畏",第一就是"畏天命",这些思想都是天命论思想的反映。古希腊哲学中也有类似的观点,柏拉图主张地球上一切可以观察到的事物只不过是理念的拙劣的摹象,可感的事物是可知的理念的派生物。泰勒斯则说神用水创造出万物,人类只能听天由命。神创论者认为自然界是上帝创造的,主观唯心论者认为自然界是人的精神的产物,都看不到自然界固有的客观规律及其对人类的客观影响。在长达 1 000 多年的整个中世纪,上帝(或人)的意志一直笼罩着人类关于自然界和人类本身的认识,成为人们在与自然的联系中争取自由的思想桎梏。天命论的人地关系思想,是当时生产力水平、科学认识能力和哲学观点的反映,它在保持某种神秘意义的同时又充满政治伦理色彩。天命思想与君权神授思想相结合,强调天命的自然性或客观必然性,适应了奴隶主和封建主阶级维护自己统治的需要。

（2）决定论的人地观

决定论又称拉普拉斯信条,是一种认为自然界和人类社会普遍存在客观规律和因果联系的理论和学说。地理环境是指存在于人类社会周围,包括作为生产资料和劳动对象在内的各种自然要素的总和,如地质、地貌、气候、水文、土壤、矿藏、生物等。地理环境决定论者认为,地理环境、自然条件对社会变化起决定作用,是决定社会变化的根本因素,人同其他生物一样都是地理环境的产物,人类的身心特征、民族特性、社会组织、文化发展等人文现象受自然环境直接或间接的深刻影响。

地理环境决定论最早萌芽于古希腊时代。希波克拉底认为,人类特性产生于气候;柏拉图认为,人类精神生活与海洋影响有关。

公元前 4 世纪,亚里士多德认为地理位置、气候、土壤等影响个别民族特性与社会性质;希腊半岛处于炎热与寒冷气候之间而赋予希腊人以优良品性,故天生能统治其他民族。

法国启蒙哲学家孟德斯鸠在《论法的精神》一书中,将亚里士多德的论证扩展到不同气候的特殊性对各民族生理、心理、气质、宗教信仰、政治制度的决定性作用,认为"气候王国才是一切王国的第一位",欧洲人对东方的长期奴役,则是欧洲温带气候影响下"好战、勇敢、活泼的民族"与"湿热气候下巾帼气的、懒惰、怯弱的民族"毗连,造成一个民族对另一个民族的征服。

1881 年,英国历史学家 H. T. 巴克尔(H. T. Buckle)在《英国文明的历史》一书中认为个人和民族的特征服从于自然法则,地理、气候条件影响人的生理差异导致人的不同精神和气质,因而形成不同的社会历史。哲学与物理学中的机械决定论思潮也推动了地理决定论的发展。启蒙运动的思想家用地理唯物主义反对唯神史观,以地理环境特点说明君主专制制度的不合理性,这一特定时期的历史作用也决定了这一思潮的广泛影响。

德国地理学家 F. 拉采尔(F. Ra-Tzel)可谓集环境决定论思想之大成的人物,并首次系统地把决定论引入地理学。他深受斯宾塞社会和国家有机论的影响,在人地关系上持社会达尔文主义态度。他在《人类地理学》一书中机械搬用达尔文生物学观念研究人类社会,认为地理环境从多方面控制人类,对人类生理机能、心理状态、社会组织和经济发展状况均有影响,并决定着人类迁移和分布。因而地理环境野蛮地、盲目地支配着人类命运。拉采尔这种环境控制论思潮在一个相当长的时期里,成为欧美地理学的理论基石。

美国 E. C. 辛普尔(E. C. Semple)师承拉采尔,将这一思潮宣扬于美国,在《美国历史及其地理环境》《地理环境的影响》等书中进一步发挥,认为人类历史上的重大事件是特定自然环境造成的。

1915 年,美国地理学家 E. 亨丁顿(E. Huntington)出版《文明与气候》,创立了人类文化只能在具有刺激性气候的地区才能发展的假说。1920 年,他在《人文地理学原理》一书中,进一步认为自然条件是经济与文化地理分布的决定性因素。

地理环境决定论本身在不断变化,从某种角度来说是一种不断发展与完善。地理环境决定论亦可称为自然决定论,它是人类对自然与人关系的思考,揭示了自然与人合二为一,不可分离的真理。其基本思想是:地理环境决定种族的生理特征和性格气质,从而确定其历史进程。在论证这种思想时,往往牵强附会,似是而非地将环境条件与人的生理特点生硬地联系起来,这就使其立论缺乏科学的严密性,因而为后世严肃的科学家所扬弃。而由于德国地缘政治学家豪斯霍费尔把拉采尔"生长的空间"发挥为优等民族可以侵犯劣等民族来扩展它的"生存空间",使环境决定论陷入历史唯心主义。

马克思认为"任何人类历史的第一个前提无疑是有生命的历史的存在,因此第一个需要确定的基本事实就是这些个人的肉体组织,以及受肉体组织制约的他们与自然界的关系,任何历史记载都应从这些自然基础以及它们在历史进程中由于人们的活动而发生的变更出发"。但马克思没有深入研究地理环境影响社会历史的具体方式。对此作了第一次历史唯物主义阐述的是普列汉诺夫。普列汉诺夫特别重视自然界对社会生产力状况,并认为"地理环境对于社会人类的影响,是一种可变的量。被地理环境的特征所决定的生产力的发展,增加了人类控制自然的权力,使人类对于周围的地理环境发生了一种新的关系","自然环境之所以成为人类历史运动中一个重要的因子,并不是由于它对人性的影响,而是由于它对生产力发展的影响"。"地理环境以什么途径影响人类社会"这一关键点成为唯物史观的环境影响论与唯心史观的环境决定论的分界线。当环境直接影响人的生理、心理时,人是被动的,而当环境通过社会经济活动施加影响时,人就是主动的。因此人类社会一旦形成以后就有着自己内在的发展规律。这是符合历史事实的科学解释。但人们长期将这一正确的人地观与唯心史观的环境决定论混为一谈。直到当代世界面临人口膨胀、资源枯竭、环境破坏等全球性问题时,自然环境的作用才又重新引起重视。

（3）或然论的人地观

历史唯心主义的环境决定论在解释人地关系上陷入了困境,人们开始寻求新的理论。1927 年,德国物理学家海森堡提出测不准原理。随机事件比比皆是,数学中概率论逐渐形成,统计方法在各个领域也盛行起来。于是在人地关系思想上也出现了或然论。或然论人地观的代表人物是法国地理学家维达尔·德·拉白兰士。他认为,自然为人类的居住规定了界限,并提供了可能性,但是人们对这些条件的反应或适应则因他自己的传统和生活方式而不同。人类生活方式不完全是环境统治的产物,而是社会的、历史的和心理等各种因素的复合体,同样的环境可以伴以不同的生活方式。环境包括许多可能性,它们的利用完全取决于人类的选择能力。维达尔的学生让·白吕纳更进一步指出,自然是固定的,人文是无定的,两者之间的关系常随时代而变化。法国历史学家吕西安·费弗尔称这种理论为"或然论",并用一句地理学家经常引用的名言来描述它,"世界并无必然,到处都存在着或然,人类作为机遇的主人,正是利用机遇的评判员"。或然论提出一个"心理因素"来作为地理环境和人类社会之间的媒介。但如果心理因素的原因仍要到地理环境中去寻觅,则人地关系又将回到历史唯心主义的环境决定论中。

(4)征服论的人地观

人类可以战胜自然的思想可追溯到古代。2 000多年前的荀子就有"制天命而用之"的观点。孟子也认为"天时不如地利,地利不如人和"。这些伟大思想有力地抨击了无所作为的天命论,为人们对自然环境及其发展规律的研究减少了思想上的障碍,鼓舞人们去认识、利用和改造自然。到了20世纪,工业社会的科学技术和生产力空前发展,人们为满足自己不断增长的需要不断向大自然索取。于是,征服论的人地观盛极一时。在人类不顾自然规律,掠夺式地发掘资源,盲目开发土地的过程中,人地系统产生了明显的极化效应,人类社会财富迅速积累,而人类生存环境日益恶劣。人类工业文明不得不面对自然环境的日益恶化和非可再生资源耗竭的危机。征服论的观点无法解决这些问题,人们愈来愈怀疑这种环境观念。

(5)协调论的人地观

人地协调和因地制宜的思想在中国古代即有萌芽。管仲在《管子·地员》

篇中提出："地者政之本也,辨于土而民可富。"墨子认为"顺天意而得赏",承认人应该按自然规律办事。《国语·鲁语》记载,鲁宣公在泗水上张网捕鱼,里革将渔网割断扔进水里,劝鲁宣公渔猎要及时,要让动植物得到繁衍,才能取之不尽,用之不竭。这些思想体现了协调论的人地观。但作为一种理论提出来却还只有短暂的历史。20世纪60年代以来,人们目睹了地球面临的种种危机,开始日益重视与自己生存环境之间的协调,人地关系研究中的协调论也就逐步被公认。1987年,联合国环境与发展委员会(WCED)在《我们共同的未来》报告中系统性地提出"可持续发展"的概念,反复强调社会、经济、环境的系统性及综合性,确立了可持续发展理念为立足点的现代人地关系协调发展新思想的主导地位。"现代人地关系协调论"从前人研究成果的优劣中,对地理环境的永恒性和多样化有了更加深刻的认识,指出在强调人类主观能动性与创造性的同时,应尊重自然,在促进"人"与"地"相互协调和适应中发挥好主观能动性。它一方面使人类活动更能顺应地理环境的发展规律,更能充分合理地利用地理环境;另一方面,要对已经破坏了的不协调的人地关系进行调整。协调论的提出是当代人文地理学在理论和方法上的一大创新。在人地关系上,协调论的形成奠定了现代地理学的统一性与综合性特点的基础。协调论思想产生后,很快受到各国学者的赞同。这种融合了"可持续发展理论"和"人地协调理论"的新的人地系统协调发展理论,使人地关系思想彻底摆脱了决定论与征服论的斗争。

2.1.2 人地系统特征

人地系统既具有一般系统的共性,又存在自生独有的特征。人地系统的特征主要体现在以下几个方面。

(1)人地系统的自组织与被组织特征

人地系统是以人为主体,以自然环境为基础,由自然、经济、社会多个子系统构成的,以实现人类全面发展为目的的复杂系统。它既有自然子系统的自组织特征,又有人工系统的他组织特征,其发展是自构与他构相互融合的过程。通过子系统之间的物质流、能量流、信息流的传递和交换,人地系统首先具有自我调节、自我维持、自我控制而形成新的结构,实现系统整体效应的能力。其次,作为人地系统中处于主导地位的人,能动地作用和推动着整个系统的变化和发展,因此,人地系统兼具自组织和被组织特征。

（2）人地系统的地域性和动态性特征

地球表层千差万别,不同区域地质环境、自然资源、人文地理、人类活动强度、社会经济结构都存在明显的差异性。区域间人地系统结构、协调程度、协调条件也因此呈现出明显的地域特征。人地系统协调性的研究必须充分考虑地域性特征,突出地域优势,有针对性地提出调控方法。人地系统的演化是一个从均衡到非均衡,再到均衡的动态演化的过程,其结构不断调整变化。在研究人地协调系统发展演化的过程中应采取动态的方法,了解不同时期的系统特征及主控因素。

（3）人地系统是一个非线性的灰色系统

人地系统与外部环境之间、各子系统之间以及子系统内部要素之间存在稳定与不稳定、单向与多向等多种相互交织、彼此依存的作用关系,这些繁杂的作用形式没有确定的作用原理,不能描述为明确的映射关系,体现了人地系统的非线性特征。人地系统没有确定的作用原理,因此也不具备确定的结构形式,是一个非线性的、充满灰色现象的系统。

（4）人地系统协调发展即追求整体效率的最大化

人地系统是由自然、经济、社会等诸多子系统,通过各种要素之间的非线性作用构成的一个有机整体。人地系统的协调发展既要求各个子系统内的协调,又需要各子系统之间的整体协调以及子系统之间的作用关系与系统的总体目标的协调。即自然子系统的发展为社会、经济子系统的发展提供必需资源条件和发展环境;社会、经济子系统的发展为资源节约、环境保护提供更多的资金和先进的技术;系统各环节物流、能量流、信息流在子系统之间须较为平稳地输入、输出,促进系统整体效益的提高。

2.2 效率理论

效率理论是现代经济学的核心,自亚当·斯密开创的古典经济学开始就提出将经济效率问题作为经济学研究的使命。但"效率"一词最初来源于物理学,意指仪器所输出的有效能量与输入仪器的总能量的比值。后来经济学中"效率"的概念仍继承了物理学中从输入输出比值角度出发的效率思想,将"效率"描述为投入与产出的对比关系,即在给定的产出及技术水平下追求投入的最小化,或是在既定的投入及生产条件下追求产出的最大化。

分工效率理论和竞争效率理论是亚当·斯密经济学中的精髓。1906 年,意大利经济学家帕累托(Pareto)对亚当·斯密的竞争效率思想进行加工和创造,针对经济效率和收入分配提出了判断资源配置是否处于最优状态的理论标准,即到目前为止仍然占据主流地位的效率思想——帕累托最优。帕累托最优描述了一种理想化的资源配置状态,假定一个固定群体和有限的可分配资源,在由一种资源分配状态向另一种资源分配状态转变的进程中,在无任何人境况变差的条件下,也不可能再使任何人的境况得到改善,即不可能存在任何的改进余地,此时的资源配置状态即达到了帕累托最优。但帕累托最优过于理想化,它要求任何个体利益的增加都不能以损害其他人利益为前提。其严格的理论假设往往与现实相悖。现实中,一部分群体在变革中获得利益,另一部分群体利益相应受损则是常态。对此,卡尔多提出了检验社会福利的"虚拟补偿原则",在该原则下,只要变动以后的结果在总体上益大于损,则表明总的社会福利增加。希克斯进一步对卡尔多的"虚拟补偿原则"进行补充,指出只要一项经济政策从长期来看能够提高全社会的生产效率,即使某些群体的短期利益会受损,但一段时间后,所有群体的境况都将得到改善,则视为社会福利有所提高,即达到"潜在帕累托最优状态"。Farrell 将经济效率分为实际投入产出转换的技术效率（Technically Efficiency）与最佳要素分配组合的配置效率（Allocative Efficiency）。Charnes、Cooper 和 Rhodes 从投入面与产出面角度解释了效率的含义。在投入面角度，若不增加投入或减少其他产出项产量，则某一产出项的产量无法被增加；在产出面角度，若不减少产量或减少其他投入项的投入量，则某一投入项无法被减少。这一解释与"帕累托最优状态"相似，即无法在不损害其他群体利益的情况下使某一群体状况得到改善。从经济学的角度来看，上述多种关于"效率"的描述，最终可归结为是对"帕累托最优状态"的不同表达，它们的本质即实现资源配置的"最优"。

以效率理论视角审视人地系统中自然、经济、社会子系统循环互动的关系问题，不难发现，无论是自然资源的优化配置还是经济、社会产出的分配，在本质上都是人地系统在不同阶段的资源配置问题。从新古典经济学中"帕累托最优"的协调标准出发，人地系统协调发展要求任何子系统的发展都不能以损害其他系统利益为前提，或某一系统的短期利益受损。从长远来看，整个系统的情况都将得到改善，并实现持续的发展，人地系统协调发展的过程即"卡尔多改进"过程。由此可见，效率理论基于资源相对于人类需求的稀缺性特征的研究成果，不仅适用于经济学领域，同时适用于对人地系统协调发展的研究。

毛汉英指出在不同的地域及不同的社会、经济发展阶段，人地系统各要素客观上存在与之相对应的人地关系，而人地系统优化是指区域人地系统中各子系统及其组成要素在时间和空间演化过程中合理的匹配和组合关系。吴传钧在《论地理学的研究核心：人地关系地域系统》一文中阐述了人地系统优化思想，提出"要从空间结构、时间过程、组织序变、整体效应、协同互补等方面寻求全球的、全国的或区域的人地关系系统的整体优化、综合平衡及有效调控的机理"，并将不同研究层次、不同空间尺度、不同类型的区域人地关系协调发展特点及优化模型的研究作为中国未来人地关系地域系统研究的七大重点之一。文中强调，不仅要加强研究人地关系各组成要素间的配比关系，更要深入分析使人地关系达到理想优化组合状态的途径。

经济学家将效率解释为对资源配置状态的描述和刻画,系统效率最大化则可看作是对资源进行配置组合的最优状态,亦即系统实现协调发展所追求的状态。古典经济学和新古典经济学对资源配置及其效率的研究,为本书对人地系统协调发展问题的研究提供了逻辑主线,人地系统协调发展的核心思想即要实现系统整体效率的最大化。

2.3　协同学理论

"协同"(Synergism)一词源于希腊文,从词源上解释即共同工作、协同合作之意。人们曾以突变理论、耗散理论、循环理论、平衡相变理论等角度对协同现象进行定量研究。1970 年,德国物理学家 Harmann Haken 在汲取前人研究的基础上,建立了协同学的基本理论框架,后来逐渐发展成一门独立的系统理论。协同学将研究对象看作由多个组元、部分或子系统组成的复合系统,提倡从整体的角度处理系统内部各组元之间的作用机制,它认为复合系统运行并非仅是各子系统运行的简单叠加,而是各子系统相互作用,在宏观层次上形成新的结构并产生整体效应。协同学理论主要包括以下几个方面。

（1）协同效应

协同效应又称增效作用,是指复杂开放系统中,多个组分相互配合所产生的整体效应大于各组分单独作用时产生的个体效应之和,可以表达为:1+1>2。协同学理论认为任何复杂系统内均存在着协同作用,它是系统有序结构形成的内驱力。这种协同作用促使系统在外来力量推动下到达临界点时产生协同效应,从而使系统从无序向有序转变,形成某种稳定结构。

（2）伺服原理

协同学将表征组元状态及组元间耦合关系的参量分为快弛豫参量和慢弛

豫参量两类。快弛豫参量在系统临界过程中较为活跃,但对系统的演化过程并不起主导作用。慢弛豫参量数量极少,但却支配或规定着其他快弛豫参量。当系统接近临界点时,慢弛豫参量主宰着系统演化的过程及最终状态或结构。

（3）自组织理论

自组织是指一个与外界有能量、信息、物质交换的系统在没有外部指令的条件下,其内部子系统之间能自行遵照某种规则,通过大量子系统之间的协同作用形成一个更加完善的、具有特定结构或功能的新系统。自组织理论认为:产生自组织的系统必须是一个开放的系统,必须处于非平衡状态下,同时其内部各子系统之间必须存在非线性互动关系。

上述协同学的理论成果对人地系统协调发展问题的研究起到了以下指导和借鉴作用。

①人地系统是一个典型的非线性、开放的自组织系统,各子系统及内部要素之间相互关联、彼此约束,引导和规定着系统的整体功能、目标和效益。在人为推进人地协调系统发展时,必须建立起自组织行为与人为组织行为之间的合作机制,应在不突破区域自然子系统承载力的前提下,对人地系统的物质、能量进行合理的开发利用,遵循自然规律、经济规律和社会规律,充分发挥人地系统的自组织功能,保证人地系统的动态平衡。

②人地系统是一个复杂的综合性系统,它所涵盖的自然、经济、社会3个子系统下又有资源系统、环境系统、人口系统等诸多次级系统构成。在对庞大的系统进行分析时,必须区分不同参量的不同作用,识别在系统演化过程中起主导作用的序参量。

③在人地系统协调发展过程中,应当保持子系统之间、与其他系统之间,以及其构成要素之间,在时间、空间、组成结构和作用功能上的开放性。由协同学中的协同效应可知,只有不断与外界保持物质、能量、信息交流的具有开放性的人地系统,才能促进系统由无序、非均衡状态向相对有序、均衡状态转变,使系统结构与功能更加完善,综合效益更佳。

2.4 可持续发展理论

人地系统是人类与环境构成的复杂巨系统,可持续发展理论是地理学、经济学、社会学、生态学及系统科学等多学科集成的综合性理论。同时,作为国际社会公认科学思想,可持续发展已成为关于自然、经济、社会协调发展的理论和战略。因此,人地系统的协调发展也必须以可持续发展理论为指导。

"可持续发展"最早出现于 1980 年国际自然保护同盟的《世界自然资源保护大纲》。关于"可持续发展"的含义,目前最为国际社会广泛接受和认同的是布伦特夫人在《我们共同的未来》中所做的解释:"既满足当代人需要,又不损害子孙后代满足其需求能力的发展。"这一概念在社会伦理方面体现了代际公平的原则,在经济观的角度主张增长的持续性,同时提倡自然、经济、社会和谐互促、共同发展的生态观和效益观。

我国学者刘培哲基于马世骏、王如松等对经济-社会-自然复合系统的研究,进一步提出了经济-社会-自然三维发展观,认为可持续发展就是为实现当代及后代的生态安全、经济蓬勃、社会公平的整体发展,而对经济-社会-自然三维复合系统进行综合调控。

为定量测度区域可持续发展状态,将可持续发展理念转化为可操作的管理模式,一些国际组织及有关研究人员从 20 世纪 80 年代开始就努力探寻能定量衡量区域发展的可持续性指标。

可持续发展指标体系框架是筛选可持续发展指标的概念模式。不同的指标体系框架用于解决不同的问题,同时也决定了解决问题的方法及途径。可持续发展指标体系类型多样,归结起来大致可分为以下 5 种框架模式:压力-响应框架模式(Stress-Response Model)、基于经济指标的框架模式(Economics-Based Model)、社会-经济-环境三分量框架模式(Three-Component)、人类-生态系统福利框架模式(Linked Human-Ecosystem Well-Being Model)、多种资本框架模式

（Multiple Capital Model），见表 2.2。

表 2.2　指标体系框架模式

框架模式名称		指标类型	指标实例
压力-响应框架模式	PSR 框架	压力指标	温室气体排放指数;大气浓度;全球平均温度;能源效率
		状态指标	
		响应指标	
	DFSR 框架	驱动力指标	失业率;温室气体排放指数;森林砍伐强度;人均 GDP;收入不公平系数;5 岁以下幼童死亡率;植被覆盖率;保护区面积比例;环保支出占 GDP 比重
		状态指标	
		响应指标	
基于经济指标的框架模式		投入指标	真实进步指数;综合环境生态足迹指数
		产出指标	
社会-经济-环境三分量框架模式		社会指标	Alberta 可持续性指数;Oregon Bench Marks 指标体系;可持续 Seattle 指标体系
		经济指标	
		环境指标	
人类-生态系统福利框架模式		生态系统指标	可持续晴雨表指数;加拿大国家环境与经济可持续发展指标
		相互作用指标	
		人口指标	
		综合指标	
多种资本框架模式		自然资本指标	世界银行的国家财富指标体系
		人造资本指标	
		生产资本指标	
		社会资本指标	

可持续发展指标体系是度量区域可持续发展质量和可持续发展进程的有效工具。自 1992 年"可持续发展"作为联合国"环境与发展"大会的中心议题得到广泛讨论以来,越来越多国家的政府、非政府组织及学术团体开始从不同层

面、不同领域和区域探讨可持续发展度量标准,并对可持续发展指标体系的建立展开了积极研究,取得了丰硕的成果。联合国相关部门可持续发展指标体系见表2.3。

表 2.3 联合国相关部门可持续发展指标体系

建立机构	体系名称	主要内容	特征
可持续发展委员会	可持续发展指标	社会、经济、环境、制度	环境指标间逻辑性强;社会、经济指标间关系模糊,指标体系结构失衡,脉络不清
经济合作与发展组织	核心环境指标	环境压力与状态、社会响应	用于跟踪、检测环境变化趋势
	部门指标	部门环境变化趋势、部门与环境相互作用、经济与政策	着眼于专门部门
	环境核算指标	自然资源核算及环境费用支出	旨在提高对环境问题的关注
统计局	可持续发展指标	社会经济活动与事件、影响与结果、对影响的响应、存量与背景条件	环境指标较多,社会、经济指标较少,缺失制度指标,指标较多且混乱
	综合环境经济核算	经济、环境	有利于生态、环境核算体系设计,但指标数据获取困难
开发计划署	人文发展指数	预期寿命、教育水平、人均 GDP	偏重现状描述及历史序列分析,预测功能有待完善
环境问题科学委员会	可持续发展指标	环境、自然资源、系统、空气和水污染	具有较高的综合程度

可持续发展是生态文明时期,人类在对人与环境之间关系有了新的思考和认识后确定的新的发展思路,它从自然、经济、社会的系统角度探讨全球性环境与发展途径,包含了协调发展、高效率发展、公平发展、共同发展、多维度发展等多层内涵。可持续发展理论对区域人地系统协调发展提供以下借鉴。

　　①人地系统协调发展是经济、社会、环境三大系统的整体协调,任何一个子系统发展中出现的问题,都会对其他子系统产生直接或间接的影响,甚至将诱发整个系统的紊乱。

　　②人地系统协调发展必须坚持公平原则,包含了在时间纵向维度上的公平,以及在空间横向维度上的公平,不能以损害后代人的发展能力为代价来换取当代人的发展,一个区域的发展不能以损害其他区域的发展能力为代价。

　　③公平和效率是可持续发展的两个轮子。可持续发展的效率既包括经济意义所表现出的效率,同时涵盖了自然系统中资源和环境损益的成分。因此,人地系统协调发展是指自然、经济、社会 3 个子系统协调下的高效率发展。

　　④人类社会的发展全球化趋势不断凸显,但区域发展水平仍然参差不齐,加上区域间文化、体制、地理环境、国际环境等发展背景的差异性及不同区域的可接受性,可持续发展本身也存在多样性、多模式、多维度等特征。因此,人地系统协调发展,应该从自身根本情况出发,寻求符合当地实际的协调发展优化模式。

　　⑤可持续发展指标框架模式及指标体系为区域协调发展状态、机理、本质特征的认识提供了有效的工具。但可持续发展指标体系具有时域性,既适用于过去,又适用于现在和将来,同时还适应全球不同发展程度、不同社会制度区域、不同研究尺度的指标体系难以保证其在实际研究中的可操作性。因此,协调发展指标体系的建立可以现有可持续发展指标体系为参照,结合研究区域特征、研究目的改变进行修正。

2.5　资源型地区发展理论

　　资源型地区是指具有自然资源比较优势的区域,依赖资源而兴起,依靠资源而发展。资源的特点和资源开发利用的特殊性,使得资源型地区的发展面临严峻的环境约束。20 世纪 80 年代末以前,理论界普遍认为,丰裕的自然资源是一种潜在的财富,能迅速转为资本进而对经济的增长提供了有力支撑。Habakkuk 认为,丰裕的自然资源让美国的生产率快速提升,从而在 19 世纪形成了一股繁荣昌盛的经济局面。美国、英国等国家工业化过程中,丰富的煤炭、铁矿石等自然资源,对这些国家工业发展同样起着举足轻重的作用。Wright 分析了 20 世纪初期美国的制造业能够保持技术领先的背后原因,在对制成品的要素构成进行测算之后,发现美国制造业出口产品具有相当高的非再生自然资源密集度,并且这种密集度在大衰退前的半个世纪内一直呈现持续上升的态势。

20 世纪中后期,学者们注意到自然资源与经济增长之间的关系开始发生变化,资源丰裕国的经济表现反而不及资源缺乏国,资源导向型增长模式失败。1992 年,Matsuyama 对资源部门和制造业部门在经济增长中各自的角色进行研究,研究结果表明经济结构中促使制造业向采掘业转变的力量降低了经济增长率,其原因就在于这种力量削弱了具有学习效应的制造业的成长。1995 年,Sachs 和 Warner 在 Matsuyama 的研究基础上衍生出动态的"荷兰病"(Dutch Disease)内生增长模型。该模型包含可贸易的制造业部门、不可贸易的部门和自然资源部门。自然资源越丰裕,对于不可贸易品的需求也越高,进入制造业部门的资本和劳动便随之下降。"资源的诅咒"(Curse of Resources)在国家层面上得到验证。

"资源的诅咒"是发展经济学中的一个著名命题,其核心内容描述的是资本投入的转移使得经济受到阻滞,密集而过度的资源开发导致制造业衰退和制度弱化,从而自然资源对经济增长产生了限制作用,资源丰裕经济体的增长速度往往慢于资源贫乏的经济体。比如,自然资源匮乏的日本、韩国和新加坡经济实现了现代化,而自然资源丰富的非洲、拉丁美洲国家经济则陷入困境。那些资源缺乏的经济体为摆脱资源束缚而主动放弃传统的增长模式,依靠技术创新和制度创新实现了更快的经济增长,而资源丰裕的经济体却陷入资源型的增长陷阱,经济增长步履维艰甚至停滞不前。

资源型地区在国家战略发展中起着重要的作用,但是自然资源本身是极为脆弱的。所以,资源型地区的发展也很早被各个国家及经济学家们所关注。针对资源型地区发展理论的研究,主要有自然资源禀赋论、传统经济增长理论、资源诅咒理论、古典区位论、绝对优势和比较优势理论、公共物品理论、外部性理论、可持续发展理论。

2.5.1　自然资源禀赋论

各国自然资源禀赋不同基础上的国际分工主要有自然资源的"有与无"、"多与少"、经济、战略 4 个方面的原因。自然资源的"有与无"决定了一些国家要生产这种产品,另一些国家根本不能生产这种产品,只能依赖进口。一些国家尽管蕴藏着较少的自然资源,但其需要量却很大,另一些国家尽管蕴藏量比较大,但其需要量相对比较小。这就形成一些国家要向国内生产小于国内需要的国家提供一部分资源产品,从而形成自然资源的"多与少"分工。

自然资源禀赋论尽管直观合理,但它仅适用于解释那种建立在自然资源条件或地质、地理条件产品生产条件下的国际分工。因此,自然资源禀赋论只能刘一部分国际分工现象作出解释,但对区域经济发展战略起着很大的指导作用,影响区域经济的发展格局,特别是在计划经济时代更是起着主导作用。这种惯性对今天的区域发展,特别是对资源型地区的发展影响仍是深远的。

2.5.2　传统经济增长理论

传统经济增长理论认为,资源禀赋与经济增长之间具有显著的正相关性。一国的自然资源禀赋,对该国的经济增长至关重要。在自然资源禀赋论中提到,资源丰富国家即拥有着石油、天然气和煤等矿产资源,相比资源贫瘠国家,其可以轻而易举地从资源开采和利用过程中获得巨额收入,以弥补经济发展中资本约束,推动该国经济越过贫困实现腾飞。在传统经济增长理论指导下,对美国经济的增长史进行了实证研究后,美国经济学家哈布库克(Habakkuk)发现,美国丰裕的煤、石油、铜、铁矿石等资源储量极大地推动了美国19世纪的经济腾飞。到20世纪中期,传统经济增长理论已经成为经济学界的共识。

2.5.3 资源诅咒理论

所谓"资源诅咒",是指丰富的自然资源可能是经济发展的诅咒而不是祝福,大多数自然资源丰富的国家(地区)比那些资源稀缺的国家(地区)经济增长得更慢,这是指自然资源的丰富反而拖累经济发展的一种经济现象。

20世纪70年代以后,中东地区和南美洲地区的很多资源丰富的国家并没有按照传统经济增长理论的轨迹发展,而是出现了经济恶化、贫困加剧的情况,同期新加坡、韩国等资源贫瘠经济体却实现了经济的跨越式发展,资源禀赋与经济增长的关系被事实颠覆了。这一情况,使得越来越多的经济学家相信丰裕的资源禀赋对经济增长的推动作用并不是总能实现的,而很多时候,却起着反向阻碍作用。1993年,美国经济学家奥蒂(Auty)首次提出了"资源诅咒"理论,即自然资源禀赋与经济增长之间存在悖论关系。自此,资源诅咒理论研究开始进入学者们的研究视野。20世纪90年代之后,随着发展中国家越来越多地发生资源诅咒案例,对其进行研究继而成为经济学界的热点。

2.5.4 古典区位论

区位是影响区域经济发展的一个重要的自然因素。从经济地理学的角度看,不同的发展阶段,企业对区位的优先选择侧重有所不同。杜能和韦伯等古典区位理论的倡导者认为,企业区位选择的主要目的是降低产品的成本。从国家的发展战略看,它反映了一个地区在全国经济发展总体格局中的地位,以及与市场、其他区域的空间关系,这种关系直接或间接影响着区域经济发展的机会。

在不同的历史时期,国家根据国际国内政治经济形势的需要,确定不同的优先发展区域,处于战略优先发展区域的地区,就会得到国家更多的资金和政策的支持。在计划经济时期,我国倚重资源型地区的大力发展,来推动整个国家的基础建设和重工业发展。改革开放以来,我国实行以沿海地区优先发展的区域发展战略,沿海地区因为具有对世界开放的良好地理位置和经济社会基础,得到了前所未有的发展,而资源型地区(一般都分布在中西部地区)在这一战略上处于次要地位,其发展受到了区位条件的限制。企业对区位的选择变换,形成利益在不同区域的重新分配,从而影响了不同区域的经济发展,最终形成区域经济的差距。

2.5.5 绝对优势和比较优势理论

绝对优势理论是亚当·斯密将分工理论应用于地域分工领域基础上提出的。他认为,各个国家或区域都有某种生产条件上的绝对优势,如果借助各自的绝对优势进行专业化生产,然后进行贸易交换,就可以有效地利用各地的劳动力、资本和资源等生产要素。国际和区际地域分工格局的形成,可以用亚当·斯密的绝对优势理论很好地解释,但是无法回答没有任何优势的国家和地区怎么样参与分工,所以说亚当·斯密的绝对优势理论有着显著的缺陷。

在亚当·斯密的理论基础上,李嘉图又进行了深层的发展,他认为决定分工的基础不是绝对优势而是比较优势。各个国家或地区出口其相对有优势的产品,进口其相对优势较差的产品,从而最有效地利用资源,在双方贸易中获得最大利益。李嘉图在进行理论分析时,实际上是对劳动生产率也即劳动成本进行了比较。他认为产品价值和生产成本是由劳动时间来决定的,比较利益实际上是劳动生产率的相对差异。由此可见,与斯密的学说相比,李嘉图的理论更好地解释了国际贸易和地域分工的问题,但是也有不足的地方,他仅用劳动时间这单一的影响因素来计算比较利益是不全面的,实际情况与理论分析存在较大的差距。

2.5.6 公共物品理论

公共物品是相对于私人物品而存在的。萨缪尔森和诺德豪斯给公共物品和私人物品下了较为全面的定义：公共物品是这样一些物品，它们的利益不可分割地扩散到全体社会成员，无论是否想要购买这种物品。相反，私人物品是这样一些物品：它们能够加以分割然后分供给不同的个人，并且不对其他人产生外在利益或外部成本。资源具有排他性和竞争性，而其外部产品环境作为"公共物品"却不具备这样的特性。许多公共产品是由政府来提供的，如街道、广场等。而环境的存在却是自然提供给我们赖以生存的条件和基础，如何保护我们赖以生存的环境，如何使资源使用中的负外部性降到最低，就是我们政府和大众共同的责任。因此，政府应该运用财政税收政策以有效克服负外部性，保护我们的环境公共物品，促进社会的和谐发展。

2.5.7 外部性理论

外部性的概念是由新古典经济学的代表马歇尔（Marshall）最早提出来的。他将此称为"外部经济"。其后，福利经济学创始人庇古（Pigou）提出了私人边际成本和社会边际成本、边际私人纯产值和边际社会纯产值等概念作为理论分析工具，基本形成了静态技术外部性理论的基本理论。庇古认为，由于边际私人纯产值和边际社会纯产值的差异，完全依靠市场机制形成资源的最优配置从而实现帕累托最优是不可能实现的。在现实世界中，私人边际成本和私人边际收益与社会边际成本和社会边际收益之间存在差异。庇古用灯塔、交通、污染等例子来说明经济活动中经常存在的对生产者、受益者之外的第三者产生的经济影响，即外部性。因此，庇古认为，要依靠政府征税或补贴来解决经济活动中存在的外部性问题，尤其是负外部性问题。因为征税本身可以使负外部性的制造者承担部分或全部的外部成本，津贴则是对正外部性行为的一种支持和鼓励,这形成了"庇古税"的政府干预模式。

在资源型地区(包括资源依赖型城市),资源开采和利用过程中形成的外部负效应包括环境污染、地质破坏、资源枯竭等。而不合理的税费制度使得政府宏观调制乏力,造成了私人纯产值与社会纯产值之间的巨大差别。加之资源的排他性和垄断性,出现了大量的"寻租"现象,政府作为资源的管理者出现了严重的缺位,都可能产生更为严重的外部负效应。

2.5.8 可持续发展理论

可持续发展的概念于 1987 年世界环境与发展的报告《我们共同的未来》中被提出,其主要内容包括:人口、资源、环境、科技、社会要协调发展,把发展中的外部负效应降到最低,使人类的生存环境不至于受到严重的破坏,既发展了经济,又保证了人类赖以生存的环境;既满足当代人的需要,又不影响子孙后代使用资源的权利。

可持续发展战略是总结 20 世纪世界各国片面追求经济增长而忽略外部效应的产物。20 世纪以来,世界各国出现了三大变化:一是经济的飞速增长,一方面大大促进了人类物质文明的进程,但也出现了物质财富分配不均、社会矛盾激化等问题,极大地阻碍了现代社会的协调、持续发展;二是人口大爆炸,我国便是最严重的国家之一,这削弱了社会经济可持续发展的能力;三是由于自然资源的过度开采以及污染物的无序排放,导致了全球性的资源枯竭、环境污染,生态环境系统越来越无力承担经济的无限增长和人口不断增长的巨大压力。可持续发展要求在严格控制人口增长的基础上,在合理开采和利用资源以及环境保护的条件下发展社会经济,只有把经济发展与人口、资源、环境等协调发展,把当前利益与长远利益结合起来,才能实现社会经济的可持续发展。

可持续发展理论使人类认识到,资源本身并不是取之不尽、用之不竭的,只追求片面的经济增长而忽略生态环境的承受能力,必将受到环境的惩罚。而近年来越来越频繁的沙尘暴、泥石流等便是极为有力的佐证。

2.6　本章小结

综上所述,关于人地系统中人类及其生存的环境必须协调共进的协调论,已经成为生态文明时代人地关系研究的主旋律。国内外学者从不同角度、不同专业领域研究分析了不同区域人地系统协调发展过程中的若干重大课题,并采用各类技术支持手段、多种定量模型及不同评价指标体系使区域人地系统协调发展研究的内容与方法不断更新与完善,研究领域不断延展。但国内外有关人地系统的研究多是集中在经济与生态或经济与资源、人口、环境等因素系统之间协调发展关系方面的探讨。对于人地系统中自然、经济、社会 3 个子系统间的相关关系、协调发展程度及内部演化规律的成果并不多见,尤其是基于系统效率角度,在云南区域范畴内,探讨三者的协调发展演化过程的研究成果,目前尚未见到。总体而言,现有研究仍存在以下不足。

①人地关系地域系统是一个复杂开放的巨系统,对其内涵的表达及发展状态的测度的掌握,需要进行长期大量的理论和实践积累。中国现有关于人地系统综合测度的定量研究多是以某一特殊视角为切入点,研究社会、经济子系统中某一要素和自然子系统某一要素之间的关系,如城镇化与资源环境之间的协同关系、资源开发利用与生态环境保护的耦合作用等。测度结果掩盖了系统内部子系统之间,以及子系统要素之间的不协调问题,缺乏系统的整体性研究。

②在人地系统协调性测度研究中,指标体系的构建及对非人地系统非协调发展的原因进行分析时,没有将体现社会发展的社会公共服务共享水平和社会福利水平等因素纳入考虑范围,测度过程中只对人地系统协调发展的状态结果——协调发展度进行了研究,而忽略了对协调发展的实现过程——系统综合效率的分析。

③现有研究以多截面数据为主,对某一区域人地关系的协调度进行测度,忽略了人地系统的演化特征。因此,如何从系统全局出发,以动态演化的角度

分析人地系统多个子系统之间协调发展的问题,仍有待进一步探讨。

　　总之,人地关系的演化是一个持续性的过程,新时期,新的哲学观点、新的理论体系、新的思维方式、新的技术手段及新的实践问题的产生都将赋予人地系统研究新的内容。随着科学技术的发展,人与环境之间关系更加密切,人地系统中人流、物流、能量流、信息流的方向、结构和效率都在不断地变化,人地系统产生了新的地域分异特征和空间组织结构特征。从强调地的作用到强调人的作用,再到强调人与地之间的相互作用,人类对自身与地理环境之间关系的认知与思考也在不断修正与深化。人地系统研究应加强多角度、多尺度、系统化的动态研究。不仅要从时间断面角度对人地关系进行不同尺度的静态探讨,还要深化时间序列视角的定量演化研究,比较、分析人地系统的地区差异及主控因子,并结合社会、经济发展目标及人地系统整体效率反拟出人地关系的最优模式,进而细化协调人地系统的有效措施。未来人地系统研究应加强多学科之间的交叉渗透,充分利用不同学科优势,完善人地系统理论及研究框架,注重综合集成方法以及遥感、GIS 等新技术的应用。信息化、全球化发展打破了人们传统的时空观,但区域的差异依然存在,区域信息化水平的高低是否会影响社会、经济发展的差异,或是否衍生出作用于人地关系演化的新因素,需要我们进一步探讨。

　　因此,本书以区域人地系统为研究对象,以效率理论、协同学、可持续发展理论等为指导,对该区域自然、经济、社会各子系统及其所构成的复合系统进行基础论断,从整体效率的视角探讨系统内部发展状态演化、协调发展影响因素,给出区域人地系统的协调发展的优化建议,望能够对云南资源型地区的全面可持续发展有所贡献。

3

资源型人地系统内涵

3.1　资源型地区基本概念

3.1.1　资　源

资源，《辞海》将其解释为"资产的来源"，即"资财之源"，是创造人类社会财富的源泉。资源有狭义和广义之分。联合国环境规划署对资源给出的定义是："所谓资源，特别是自然资源，是指在一定时间地点条件下能够产生经济价值的，以提高人类当前和将来福利的自然环境因素和条件。"这一定义仅指自然资源，是狭义的资源定义，在理论界被广泛采用。马克思在《资本论》中指出："劳动和土地，是财富两个原始的形成要素。"恩格斯则认为："其实，劳动和自然界在一起它才是一切财富的源泉，自然界为劳动提供材料，劳动把材料转变为财富。"马克思和恩格斯对资源的描述，既指出了自然资源的客观存在，又把人（包括劳动力和技术）的因素视为财富的另一不可或缺的来源。由此可见，广义的资源还包括人力资源、制度资源、技术资源、文化资源和信息资源等可以投入到生产活动中创造财富的一切要素。在本书中，采用的是狭义的资源概念，即指自然资源。

3.1.2　资源型地区的界定

本书中的资源型地区，即资源依赖型地区。资源型地区，简言之就是经济增长高度依赖本地区具有比较优势的自然资源的地理区域，即以资源依赖型经济为主的地区。资源依赖型经济，主要是指依靠区域资源特别是矿产资源的比较优势，通过对自然资源的开采、初级加工并形成初级产品的经济增长模式。自然资源的不可再生性决定了资源依赖型经济体在其发展的过程中必然面临较为严重的经济、社会和生态的可持续发展问题。一是区域产业结构单一化。

资金投入集中于资源开采,造成其他产业因投资匮乏而发展缓慢。二是区域发展的不可持续性。随着资源被不断开采利用,由于资源的有限性和不可再生性,可开发利用的资源将逐渐减少并最终耗尽,依赖资源形成的产业链条将会断裂。三是区域资源开发导致生态环境严重破坏。四是资源型地区经济空间结构较为松散,导致基础设施建设滞后,社会问题突出。

2007 年发布的《国务院关于促进资源型城市可持续发展的若干意见》(国发〔2007〕38 号)指出,资源型地区是以本地区矿产、森林等自然资源开采、加工为主导产业的城市类型。根据这一定义,资源型地区包括两个方面含义:一是该地区自然资源丰富。二是本地区以自然资源开采销售为主导产业,缺乏对其他产业的重视,本地区发展产业单一。

本书认为,所谓资源型地区,即该区域的经济发展主要依靠本区域内具有相对优势的自然资源的开采和销售所拉动,该地区较大部分劳动力直接或间接地从事本区域内具有相对优势的自然资源的开发、生产或经营活动的这样一个系统。该地区产业结构以资源依赖型产业为主导,贸易结构以资源型产品为主导,经济增长高度依赖资源开发,工业化进程受资源部门影响较大。

3.2 资源型地区基本特征

资源型地区是一种特殊类型的区域,它与其他区域存在较多差异,主要体现在对资源的高度依赖性、经济结构的单一性、空间结构的分散性、社会经济发展的效率性、对自然环境的破坏性 5 个方面。

3.2.1 对资源的高度依赖性

资源型地区的形成和发展主要是依靠该地区内具有比较优势的自然资源的开采销售,因而经济发展具有依赖自然资源的明显特征。其主要表现在两个方面：一是资源的存在性是该地区得以发展的必要条件；二是资源的储量、品位和禀赋直接影响着资源型地区主导企业的效益与生命周期，该地区其他产业也都依附和服务于资源产业。

3.2.2　经济结构的单一性

大部分资源型地区都片面地强调自己的资源优势，并以开采、出售资源作为加快地区经济发展的主要拉动力，从而导致本地区产业结构单一。在资源型地区发展初期，经济结构单一这一特点尤为突出。随着资源开采的外延逐步扩大，形成一些资源加工、服务等行业，但城市的功能及社区服务主要是围绕资源开发和加工展开的，城市的产业结构及发展受到极大限制。资源型地区产品一般较为单一，具有低附加值、低技术含量、高投入、高能耗、高排放、重污染等缺陷。

3.2.3　空间结构的分散性

受自然资源与开采条件的制约，资源型地区的主导企业大多数散布在山区或偏离中心城市的地区。主导企业通过建立庞大的自我服务体系来履行部分社会功能。因此，资源型地区呈现大分散、小集中、城乡交错的空间格局，城镇分散、布局失调、功能弱化的弊端突出。

3.2.4　社会经济发展的效率性

资源依赖型经济地区的主要经济活动是对资源的大规模开采、加工以及利用，长期采用的是一种高投入、高能耗、高排放以及高污染的粗放型经营模式。长期以来，资源型地区社会经济发展效率低，形成不可持续的发展模式。

3.2.5 对自然环境的破坏性

地区的生存和发展过度依赖对自然资源的开采,而对自然资源的过度开采,又加速了自然资源的枯竭,破坏了生态环境。资源型地区的经济面临着资源枯竭、环境恶化的危机。

4

资源型地区人地系统结构分析

4.1 资源型地区人地系统结构

人地系统是人与地相互联系、相互作用而形成的一种动态系统,其本质是人类活动和地理环境的统一体。吴传钧将人地系统定义为由人类活动和地理环境两个子系统交错构成的复杂的开放的巨系统,并基于此提出人地关系地域系统的概念,即"人地关系地域系统是以地球表层一定地域为基础的人地关系系统,也就是人与地在特定的地域相互联系、相互作用而成的一种有时空维度的动态结构",人类社会与地理环境两个子系统之间物质和能量的循环、转化构成这一系统发展变化的推动机制。

4.1.1 人地系统构型

地理学对地理环境的解释包含狭义和广义两个层面。狭义的地理环境仅指由自然环境构成的综合体。广义的地理环境则是一个由自然要素、人类及人类活动所产生的人文要素,在一定规律下紧密结合而成的一个整体。源于对"地理环境"的不同理解,人地系统也有多个层次的内涵和意义。一是表述人与土地之间关系的系统。英国学者 Durr. H 提出"Man-Land System"的概念,将人地系统界定为由人口与土地两大子系统基于一定的规律,共同构成的巨系统。二是表述人与自然环境之间关系的系统。杨青山基于人地关系经典解释和人地关系非经典解释分别提出两种人地关系系统构型——人类与自然环境相互作用系统以及人类与地理环境相互作用系统。人类与自然环境相互作用系统构型主要强调影响自然环境的人类活动和影响人类社会及其活动的自然环境及两者之间的互馈作用,人类与地理环境相互作用系统构型则更突出自然环境和人文环境对人类活动和人类社会发展的综合影响。三是表述人与自然环境和社会环境之间关系的系统。Holling 提出社会-生态系统概念,将社会-生态系统看作由人和自然紧密联系构成的复杂适应系统。韩永学基于协调论提出"人地关系协调系统"的概念,认为它是一个具有目的性、整体性、动态性、层次性、美丽性的复合系统,并通过子系统的协调管理来实现复合系统的协调。王铮进一步指出现代人地关系的中心是"人口(P)、资源(R)、环境(E)与发展(D)"系统。王黎明提出面向区域 PRED 问题的人地关系系统构型,认为人地系统是由一个具体的区域内,形成问题的各种因素相互作用、相互制约并相互关联而成的一个统一体。

上述 3 种关于人地系统的表述并没有孰是孰非之分,区别仅源于各自研究角度的不同。本书将人地系统定义为自然、经济、社会子系统彼此相互作用而成的复杂系统,并基于上述第三种表述的相关概念,提出人地系统 NES-E 构型,即将人地系统划分为自然(Nature)、经济(Economy)、社会(Society)3 个子系统,效率(Efficiency)为系统目标。人地系统以高效发展为最终目标,这里所指的效益并非系统内每个子系统个体效益的简单相加,而是实现 1+1>2 的整体效益。

4.1.2　自然子系统功能

自然子系统是人类生存的基本条件,也是人类各种活动的载体和社会、经济发展的源泉,是一定空间范围内环境及资源的统一体,环境包含水、土地、空气等,资源可进一步划分为可再生资源及非可再生资源。自然子系统中能源、资源的开发利用率、耗竭速度以及可再生资源的再生率决定了自然子系统对经济、社会子系统发展的支持程度。同时自然子系统既是人类生产、生活废弃物的承载场所,更是人类生存和发展的空间。

4.1.3　经济子系统功能

经济是指价值的创造、转化与实现,是协调发展系统中物质的生产与再生产的过程。经济子系统是人类利用自然子系统中的资源、环境进行物质资料生产、流通、分配和消费一系列活动的系统。可持续发展战略的核心动力是经济的可持续发展。经济子系统在物质生产和再生产过程中为其他子系统发展提供物质保障。

4.1.4　社会子系统功能

社会的本义是指"由一定的经济基础和上层建筑构成的总体"。社会子系统是以作为社会主体的人按一定的社会形式形成的系统。在作为社会主体的人在生产和生活活动过程中,不断与自然系统产生物质、能量以及信息的交换,通过这种交互作用实现人类自身发展。社会子系统主要包括人口素质、文化教育、医疗卫生、社会保障等因素。社会子系统反映人类自身发展的质量和数量。人是系统发展的主体,具有较强的能动性和控制力,对人地系统的发展起主要调节作用。人口的数量以及社会成员的素质对资源和环境都具有重要影响。社会子系统的质量是促进人地系统协调发展的关键因素,合理的制度、良好的社会风气、稳定的社会环境、高质量的社会生活水平以及完善的社会服务体系有利于实现人地系统的协调发展。

4.1.5　人地系统 NES-E 构型

NES-E 系统中,自然、经济、社会各子系统密切交织,形成多层互动协调机制,人地系统 NES-E 构型如图 4.1 所示。

人地系统各子系统之间相互影响、彼此作用,产生复杂的相互关系。

（1）自然-经济的协调关系

自然子系统是经济子系统发展的基石,自然子系统的质量直接关系到人类生存和生产活动;经济子系统的发展为提高自然子系统中资源的再生能力、研发环保技术、深化环保产业、提高环保意识提供物质和资金支持,但高投入、高成本、低产出、低效益的粗放型的经济发展模式及掠夺式经济发展模式将导致自然资源过度开发,自然环境遭到污染和破坏。

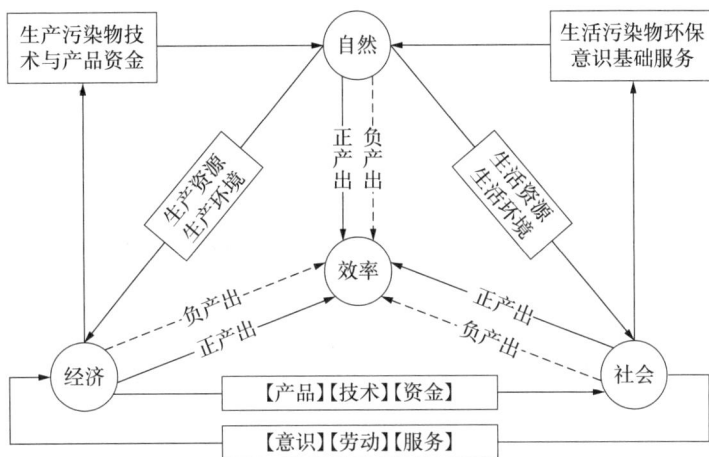

图 4.1　人地系统 NES-E 构型

（2）自然-社会的协调关系

社会子系统以人为核心要素,人类的价值取向同自然子系统间存在改造和顺应两种方式。自然子系统的原生状态会在人类社会的外在"扰动"力下发生偏离,人类社会应同自然环境相适应,应在自然子系统的承载能力范围内,顺应自然规律,有意识地限制所产生的偏离。人类对自然子系统的合理改造和适应都会促进自然-社会子系统的关系。

（3）经济-社会的协调关系

经济发展是社会进步的物质保障,社会进步是经济发展的最终目的。社会发展对经济发展具有重要的导向作用,并为经济发展提供环境条件。经济发展不能缺失合理的政治制度体系、完善的社会保障体系、健全的医疗教育体系。离开社会发展良好环境,经济发展将失去基本的维持条件。

4.2　资源型地区人地系统协调发展内涵

从管理学的角度出发,"协调"是指为达到预定的管理目标,处理组织内外关系,对各要素进行合理配置和全面调度的手段及其过程。系统论则将"协调"定义为,系统中的子系统或系统要素之间相互配合、彼此促进的一种良性循环状态及其过程。协调状态同时存在于系统内外,既包含系统之间相互作用而呈现出来的状态,又包含系统内部各要素相互关联的结构。发展是指系统或系统组成要素本身由小到大、由简单到复杂、由低级到高级、由无序到有序的变化过程。

由上述定义可知,发展不等同于协调,协调也并不意味着发展。具体到人地系统中表现为以下 3 个方面。

①当经济、社会子系统发展的反馈机制打破了自然子系统的平衡,导致环境恶化、资源匮乏,自然、经济、社会之间的良性循环关系被割裂,各系统为了维护自身利益,在效率上的相互背离,此时人地系统将陷入不协调状态。

②自然子系统未被破坏,仍具有较为稳定的生态供给能力,但经济、社会子系统发展停滞不前,此时人地系统处于低水平协调状态。

③当经济、社会子系统发展受到自然子系统供给阈值限制,在自然、经济、社会各系统规律导向作用下,积极采取协调措施,调整原有增长方式,使自然子系统得到修复,生态供给能力得到提高,人地系统以新的协调特征保持进一步发展状态则被称作高效协调,即本书所研究的协调发展。因此,协调发展是"协调"与"发展"的交集,是多个子系统或多种要素在协调这一约束条件下,整个系统综合水平的提高,它强调的是系统的整体效率。在系统协调发展过程中,发展是协调的目标和导向,而协调则是发展的规定和约束。

蔡思复以效率和均衡为标准将区域协调发展划分为效率优先兼顾均衡、均衡优先兼顾效率、兼顾效率与均衡 3 种模式。魏后凯基于对中国区域经济发展现状的认识提出以"效率"为目的的非均衡协调发展战略。根据上述协调发展含义的分析,本书在蔡思复、魏后凯两位学者对区域协调发展定义的基础上,将人地系统协调发展定义为以实现系统整体效率最大化为目的,自然、经济、社会子系统之间配合得当、相互促进的可持续发展状态。这一定义包含以下 4 个方面的内涵。

①人地系统是由自然、经济、社会子系统相互作用构成的复杂系统,人地系统各子系统及各子系统内部要素应和谐一致、结构配合得当。

②人地系统协调发展是一个由低级到高级、由简单到复杂、由无序到有序的持续演化过程。

③各子系统及系统要素之间相互适应、彼此依赖、互为制约,在动态中实现相对平衡,在外部或内部因素的影响下,演化为非平衡态,通过自组织或被组织作用,再次跃升至新的平衡状态。

④人地系统协调发展的理想状态是,系统具有较强的自我调节能力,使经济子系统能在合理开发、利用资源的基础上,以较少的污染排放产出较多的符合社会需求的产品,社会子系统的人口素质、人的生活水平得到提高,最小化社会、经济子系统发展给自然子系统带来的影响和破坏,改善自然环境的供应状况。即使自然资源在自然环境可承受的范围内得到最有效的利用,并得到最大的经济、社会产出,同时经济、社会的发展过程中的产出能不断补偿自然环境的耗费,减少自然子系统的污染,以最低的资源、环境、劳力、资金消耗实现系统综合效率的最大化。

5

云南资源型地区人地系统概况

5.1　研究区域界定

云南省位于东亚大陆、中南半岛和南亚次大陆的交接区域,向东向北连接国内,向西向南连接国外,是国家西南部重要门户。地处低纬度高原,自然条件优越,季风气候明显,光照充足。矿产资源总量大、矿种全、共生伴生矿品种多,光能、水能资源蕴藏量高,开发潜力巨大,具有极高利用价值;动植物资源品种、类型的拥有量和占全国的比重均名列前茅,有"植物王国""动物王国"之称,是典型的资源型地区,同样陷入了"资源诅咒"的怪圈。在全国 GDP 总量的排行榜中,云南一直在中下游水平徘徊,是典型的区位优势明显、资源产量丰富、开发建设滞后、经济发展落后的情况。如何顺应国家供给侧结构性改革之势,积极驱动优化升级,促使提质增效,走上持续发展道路,是省委、省政府一直着力解决的重点问题。

本书以云南楚雄、红河、文山、西双版纳、大理、德宏、怒江和迪庆为例,对这 8 个地区人地系统协调发展状况进行研究,研究区域概况见表 5.1。

表 5.1　研究区域概况

区域	基本概况
楚雄	辖 1 市 9 县,面积约 2.9 万平方千米,距昆明市约 160 千米。至 2018 年末,全州常住人口 274.80 万,少数民族人口占比 36.4%;实现地区生产总值 1 024.33 亿元。重点产业有烟草、冶金化工、绿色食品、文化旅游、生物医药、新能源新材料
红河	辖 4 市 9 县,面积约 3.3 万平方千米,距昆明约 275 千米。至 2018 年末,全州常住人口 474.4 万,少数民族人口占比 60.6%;实现地区生产总值 1 336.79 亿元。重点产业有高原特色农业、新材料和信息、生物医药、食品与消费品制造、现代物流
文山	辖 1 市 7 县,面积约 3.2 万平方千米,距昆明约 345 千米。至 2018 年末,全州常住人口 363.6 万,少数民族人口占比 58%;实现地区生产总值 859.06 亿元。重点产业有现代农业、中医药、旅游、能源开发
西双版纳	辖 1 市 2 县,面积约 1.96 万平方千米,距昆明约 541 千米。至 2018 年末,全州常住人口 118.0 万,少数民族人口占比 58%;实现地区生产总值 417.79 亿元。重点产业有现代物流、旅游、高原特色农业

续表

区域	基本概况
大理	辖 1 市 11 县,面积约 2.9 万平方千米,距昆明市约 333 千米。至 2018 年末,全州常住人口 363.5 万,少数民族人口占比 52.30%;实现地区生产总值 1 122.44 亿元。重点产业有生物医药、旅游、现代物流、能源开发、先进装备制造
德宏	辖 2 市 3 县,面积约 1.15 万平方千米,距昆明约 711 千米。至 2018 年末,全州常住人口 129.4 万,少数民族人口占比 52%;实现地区生产总值 381.06 亿元。重点产业有现代物流、旅游、高原特色农业
怒江	辖 1 市 3 县,面积约 1.47 万平方千米,距昆明约 570 千米。至 2018 年末,全州常住人口 54.4 万,少数民族人口占比 92.2%;实现地区生产总值 161.56 亿元。重点产业有能源开发
迪庆	辖 1 市 2 县,面积约 2.38 万平方千米,距昆明约 620 千米。至 2018 年末,全州常住人口 41.4 万,少数民族人口占比 89.1%;实现地区生产总值 217.52 亿元。重点产业有冶金、能源开发、旅游

备注:数据来源于中国统计信息网。

5.2 区域发展概况

5.2.1 生态发展水平

云南资源型地区大多分布在山区或少数民族聚居地。这部分地区生态特征主要表现为地形地貌复杂、资源优势显著、生态环境敏感。

（1）地形地貌复杂

云南是一个高原山区省份,地势西北高东南低,高原、山地面积占全省面积的 94%。

楚雄属云贵高原西部,境内以高中山和低山丘陵为主,山地面积占全州总面积的 90% 以上,金沙江从州内蜿蜒而过,流域面积达 17 043.5 平方千米,占全州面积的 60.1%,素有"九分山水一分坝"之称。

红河地处云贵高原西南部哀牢山系,山区面积占全州国土面积的 85%,地势西北高东南低,最高点金平县西隆山和最低点红河与南溪河交汇处海拔高差近 3 000 米,地形复杂多样。

文山地处云贵高原东南部,地貌格局似文山,呈西北高东南低之势,山区和半山区占总土地面积的 97%,由于海拔高低悬殊,立体气候特征明显。

西双版纳地处横断山脉的南延部分,怒江、澜沧江、金沙江褶皱系的末端,属山原地貌,州内除有少数串珠状盆地、低山,多为切割山峦,山地、丘陵约占州内土地面积的 95%。

大理地处云贵高原与横断山脉结合部位,山地面积占 80% 以上,境内的山脉主要属云岭山脉及怒山山脉,州内地貌复杂多样,点苍山以西为高山峡谷区,点苍山以东、祥云以西为中山陡坡地形。

德宏地处云贵高原西部横断山脉的南延部分,属中、低山地为主的低纬地区,山地面积占 89%,高黎贡山的西部山脉延伸入德宏境内形成东北高而陡峻,西南低而宽缓的切割山原地貌,地势立体性鲜明,冲沟切割较多,水土流失严重。

怒江位于"世界屋脊"青藏高原南延部分,横断山脉纵谷地带,属高山深切割地貌,境内除兰坪县的通甸、金顶有少量较为平坦的山间槽地和江河冲积滩地外,多为高山陡坡,山地面积占全州总面积的 98% 以上。

迪庆是云南省海拔最高的地区,地处青藏高原东南缘,横断山脉腹地,是云贵高原向青藏高原的过渡带,世界著名景观三江并流的腹心地带,地势陡峻,坡度在 25° 以上的区域占全州面积的 87.7%。

（2）资源优势显著

复杂的地形地貌,多样的气候环境,孕育了云南丰富的自然资源。云南省素有"动物王国""植物王国""有色金属王国"的美誉。云南因其独特的自然优势条件,风能、太阳能开发潜力较大,且矿产资源丰富。云南资源型地区矿产资源分布概况见表 5.2。

表 5.2　云南资源型地区矿产资源分布概况

地区	地质矿产种类	优势矿种
楚雄	73 种	煤、油页岩、金、铜、铅、锌、石灰石
红河	49 种	煤、锡、银、镍、锰
文山	58 种	锡、锑、锰、铝土
西双版纳	15 种	金、铜、铁、锰、锡、铅锌
大理	33 种	铂钯、煤、盐、石灰石、大理石
德宏	20 种	水晶、宝石
怒江	28 种	铅锌
迪庆	30 种	铜、钨、钼、铅锌

备注:数据来源于 2017 年云南各州年鉴。

　　楚雄盆地是我国南方较大的中生代红色盆地之一,成油条件良好,是寻找天然气和钾盐的有利地区,区内有广泛的石灰岩分布。红河是我国煤炭、银、锡、锰、镍等资源的富集区,州内煤炭资源保有储量占全省总量的 26%;个旧矿业经济区是主要矿产资源的集中区,有色金属储量居全省第一,锡储量占云南省的 82.7%,名列全国首位;蒙自白牛场高银多金属矿探明银储量 4 044 吨,是国内较大的银矿;金平镍探明储量 80 万吨,是全国第四大富镍矿;建水是我国最大的锰生产基地。文山州是我国著名的"三七之乡",同时蕴藏着丰富的矿产资源,其中,锡储量居全国第三位,锑储量居全国第二位,锰储量居全国第八位,铝土储量居云南省首位。西双版纳位于云南省最南端,属北回归线以南的热带湿润区,境内有丰富的地热资源,居云南省第二位,仅次于腾冲,已探明矿产资源储量的矿种有 21 种。大理蕴藏着储量达 1 亿立方米的大理石矿床,弥渡金宝山大型铂钯矿探明储量 45.2 吨,占全省总量的 58.06%。德宏属矿业不发达地区,但是全国最大的珠宝玉石交易集散地之一,翡翠毛料经营一度占到全国市场的 60% 以上。怒江有着得天独厚的自然优势,怒江、澜沧江、独龙江三大水系均从州内流过,水能资源极为丰富,兰坪金顶铅锌矿储量 1 547.6 万吨,是目前世界上为数不多的特大型矿床之一。迪庆地处"三江成矿带"腹心地带,是我国十大矿产资源富集区之一,到目前共计发现铜、钨、钼、铅锌矿等 30 多种矿产资源。

此外,云南独特瑰丽的自然风光和异彩纷呈的民族文化也为旅游业的发展提供了宝贵的资源。云南资源型地区旅游资源分布概况见表 5.3。

表 5.3　云南资源型地区旅游资源分布概况

地区	主要旅游资源
楚雄	武定狮子山、元谋土林、彝人古镇、禄丰世界恐龙谷、楚雄博物馆、黑井古镇等
红河	哈尼梯田、建水孔庙、滇越铁路、建水紫陶等
文山	普者黑、砚山浴仙湖、广南八宝、薄竹山、柳井溶洞群等
西双版纳	热带植物园、傣族园、曼听公园、望天树景区、原始森林公园等
大理	大理古城、苍山洱海、崇圣寺三塔、天龙八部城、蝴蝶泉等
德宏	勐巴娜西珍奇园、瑞丽边贸街、勐巴娜西珍奇园、莫里热带雨林、瑞丽江等
怒江	怒江第一湾、石月亮、双纳瓦底老虎跳峡谷等
迪庆	香格里拉、普达措国家公园、三江并流风景区、梅里雪山、虎跳峡、长江第一湾、哈巴雪山、白芒雪山、白水台等

备注:数据来源于 2017 年云南各自治州年鉴。

云南省地处中国第二级阶梯,地势西北高、东南低,呈阶梯状分布,长江、珠江、元江、澜沧江、怒江、大盈江 6 大水系从境内流过,水资源丰富。全省多年平均降水量 1 258 毫米,集中在雨季。5—10 月降水占年降水量的 85%,旱季 11 月至次年 4 月降水量仅占全年的 15%。境内多年平均径流量 2 222 亿立方米,加上从国外、省外流入的水量多年平均 1 943 亿立方米,共 4 165 亿立方米。楚雄、红河、文山、西双版纳、大理、德宏、怒江、迪庆等地水资源分布概况见表 5.4。

表 5.4　云南资源型地区水资源分布概况

地区	主要河流水系	水资源量/亿立方	水能蕴藏量/万千瓦	宜开发量/万千瓦	发电量/亿千瓦时
楚雄	金沙江、元江	52.80	118	25	60.89
红河	红河、南盘江	231.70	500	450	137.07
文山	红河、盘龙河	174.80	323	155	56.26
西双版纳	澜沧江	117.70	529	—	8.85
大理	金沙江、怒江、澜沧江、红河	79.12	930	807	74.84
德宏	大盈江、怒江、瑞丽江	131.50	362	102.15	122.40
怒江	怒江、澜沧江、独龙江	234.90	1 226	857	19.47
迪庆	澜沧江、金沙江	127.70	1 650	1 370	24.86

备注:数据来源于 2017 年云南各自治州年鉴。

但资源优势并不等同于经济优势。自然资源的利用一般需经过开采、储存、运输、加工,最后再通过营销渠道进入市场才能产生收益。大部分地区地形及地质条件复杂、生态环境脆弱、交通网络欠发达、科技及经济基础落后等,资源开采难度大、利用能力弱、转换效率低、经济效益差。同时,云南河流多为入海河流的上游,分别属于六大水系:伊洛瓦底江水系、怒江水系、澜沧江水系、金沙江水系、元江水系、南盘江水系;分别注入三海和三湾:安达曼海、莫踏马湾、孟加拉湾、东海、北部湾、南海;归到两大洋:印度洋和太平洋。一旦开发利用不当,将带来严重的生态环境问题。因此,云南资源型地区既有资源开发之利,又承担着水土涵养的艰巨任务。

（3）生态环境敏感

受特殊地形地貌、地质构造等因素的影响,云南大部分地区生态系统自身稳定性差,山地灾害的发生频率高、突发性强,对外抗干扰能力及自我恢复能力弱,属生态环境敏感区,极易沦为退化型生态系统。

云南山区农耕生产以轮歇地及陡坡地为主,毁林开荒现象严重,加上长期的粗放型开发与经营活动,打破了生态系统原有的平衡状态,生态环境不断恶化,大气污染、水土流失、土地沙化、森林植被退化、土壤盐渍化、耕地面积减少、水资源短缺、生物多样性减少等问题突出。而这些生态问题的积累又加重了自然灾害的发生率。

由于地势起伏较大、河流切割强烈、地形破碎严重,加上石灰层分布广、厚度大,云南水土流失问题极为严重。根据 2015 年云南省土壤侵蚀调查成果,全省水土流失面积 10.47 万平方千米,占全省土地总面积的 27.32%,全省年土壤侵蚀总量为 5.08 亿吨,超过全国土壤侵蚀总量的 10%,平均侵蚀深度为 0.98 毫米。《云南省水土保持生态环境建设规划》以金沙江、珠江、澜沧江、红河、怒江、伊洛瓦底江等流域面积覆盖全省的六大江河流域为单元,划定了六大生态环境建设区域,各区域水土流失重点治理点见表 5.5。

表 5.5 云南六大生态环境建设区域水土流失重点治理点

生态环境建设区域	水土流失重点治理点
金沙江流域	丽江、大理、楚雄、昭通
珠江上游云南境内南盘江流域	红河、文山
澜沧江流域	大理和临沧地区
红河流域	大理、楚雄、红河、文山
怒江流域	怒江
瑞丽江、龙江流域	怒江、保山、德宏

严重的水土流失致使土壤肥力下降、耕地面积减少,加剧了云南,尤其是云南山区的人地矛盾,迫使当地群众毁林开荒以维持生存,进入"越穷越垦,越垦越穷"的贫困循环。同时,水土流失污染水质,进而引起人、畜饮水困难等水资源短缺问题。

石漠化是岩溶地区极易发生的土壤流失、土地退化现象。云南省林业和草原局 2023 年发布的《云南省(岩溶地区)石漠化状况公报》统计,截至 2021 年底,云南省有石漠化土地面积212.85万公顷。石漠化土地主要分布于滇东南的文山州和红河州,滇东的曲靖市,滇东北的昭通市,滇西的丽江市,5个州(市)石漠化土地面积合计为142.28万公顷,占全省石漠化土地的66.85%。全省轻度石漠化土地102.89万公顷,占石漠化土地的48.34%;中度石漠化土地86.32万公顷,占40.56%;重度石漠化土地17.50万公顷,占8.22%;极重度石漠化土地6.14万公顷,占2.88%。石漠化土地以轻度、中度石漠化土地为主,两者占石漠化土地的88.90%。云南省主要石漠化土地分布情况见表5.6。

表5.6 云南省主要石漠化土地分布情况

地区	文山	红河	曲靖	昭通	丽江	临沧	迪庆	昆明
石漠化面积/万公顷	42.01	22.68	31.56	23.06	22.97	15.55	15.11	13.57
地区	玉溪	大理	怒江	保山	楚雄	普洱	西双版纳	
石漠化面积/万公顷	7.85	6.66	5.39	3.19	1.69	1.56	0.0013	

严重的石漠化致使大量基岩裸露于地表,土地丧失耕植功能,贮水能力减弱,极易引发旱涝灾害,以及崩塌、滑坡、泥石流等突发性地质灾害。石漠化与水土严重流失现象,严重危害到云南生态环境及农业生产,制约了当地社会、经济的发展。因此石漠化与水土严重流失问题不仅是环境问题,同时也是生存问题、社会问题、经济问题。

5.2.2 经济发展水平

经济发展是区域发展的目标和核心内容,也是实现生态保护、环境有效利用、社会进步的物质保障。云南经济发展基础薄弱,各地区发展水平参差不齐,20世纪50年代初,位于云南边境的许多少数民族地区的经济形态仍停留在原始社会末期或正在向阶级社会过渡的时期。西部大开发及“一带一路”倡议给云南发展带来了契机,国家各级政府加大了对西部地区的扶贫力度和政策倾斜,云南人民生活水平有了极大提高。但边缘化的区位、恶劣的自然环境、落后的交通条件等刚性因素,影响了城市的轴心辐射力,限制了文化和信息的传播,增加了商品集散难度及流通成本,加大了云南部分偏远山区经济发展难度。目前,云南经济发展平均水平仍落后于我国东部沿海等发达地区甚至是全国平均水平,且差距在不断增大。

(1)经济发展效益竞争力弱

区域经济发展效益竞争力可从人均 GDP、固定资产投资占 GDP 比重、农村居民人均可支配收入、规模以上工业企业利润总额 3 个方面来考量。2017 年,云南省人均 GDP 为 34 221 元,仅为全国平均值的 57.36%;固定资产投资为18 474.9 亿元,比上一年增长了 18%,表明云南地区经济发展投资规模进一步扩大,经济发展速度进一步提升,但固定资产投资占 GDP 比重高达 117.76%,说明云南省投资效率有待提高,投资结构亟待调整;农村居民人均可支配收入为 9 862.2 元,规模以上工业企业利润总额仅为 772 亿元,在西南 5 个省市区中均排列第四,说明云南农业、工业经济发展效益竞争力都存在不足。

(2)对外发展不足

从国内来看,云南位于我国的边缘地带,但从整个亚洲来看则处于中心位置,具有较好的区位优势。

楚雄位于云南省中部,东面紧邻省会昆明市,是昆明通往滇西 7 个州市及缅甸的必经之地,自古就有"省垣屏障""迤西咽喉"之称;红河地处云南省东南部,南面与越南接壤,拥有两个国家级一类口岸,是中国走向东盟的陆路通道;文山地处云南省东南部,东与广西壮族自治区接壤,南与越南毗邻,国境线长438 千米,处在"通边达海"的重要位置;西双版纳位于云南省最南端,东南、南部西南部与老挝、缅甸山水相连,邻近泰国和越南,边界线长达 966.3 千米,约为云南省边境线总长的 1/4;大理地处云南省中部偏西,是我国唯一的白族自治州;德宏地处云南省西部,南、西和西北与缅甸联邦接壤,国境线长达 503.8 千米;怒江位于云南西北部,是中缅滇藏的接合部,有长达 449.5 千米的国境线,是中国唯一的傈僳族自治州；迪庆位于云南省西北部，滇、藏、川三省区交界处，是东部藏区重要的物资集散地和商转站。

但云南省的外向型经济发展起步较沿海地区晚，地缘优势并未得到有效发挥，对外开放总体水平不高。从反映地区对外开放程度的重要指标——对外贸易依存度来看，2017年，除德宏州外（74.85%），各地州的对外贸易依存度均不足全国（33.6%）的一半，见表5.7。

表5.7　2017年云南各地州对外贸易依存度

地区	全省	昆明	曲靖	玉溪	保山	昭通	丽江	普洱	临沧
外贸依存度/%	9.06	10.20	2.85	9.41	2.99	0.04	0.88	12.65	6.90

地区	楚雄	红河	文山	西双版纳	大理	德宏	怒江	迪庆
外贸依存度/%	3.95	15.72	4.20	16.82	1.59	74.86	0.40	0.13

备注：数据来源于2017年《云南省统计年鉴》。

（3）产业结构欠佳

英国古典经济学创始人威廉·配第将一个国家或地区产业发展水平量化为各产业所占比重。也就是说，不同的产业结构体现了不同的经济发展阶段。产业结构高度化即一国经济发展重点或产业结构重心由第一产业向第二产业和第三产业逐次转移的过程。

与全国和东部沿海地区相比，云南各州市第二产业比较优势普遍较差，经济发展对第一产业的依赖性较大。除昆明、迪庆第一产业比重偏低外，其他地州第一产业在三大产业中所占比重均不同程度高于全国平均水平，三次产业结构层次相对较低，对地区经济发展的带动力较弱，见表5.8。

表5.8　2017年云南各地州国内生产总值结构

区域	第一产业/%	第二产业/%	第三产业/%
全国	7.9	40.5	51.6

续表

区域	第一产业/%	第二产业/%	第三产业/%
全省	14.3	37.9	47.8
昆明	4.3	38.4	57.3
曲靖	18.1	39.0	42.9
玉溪	10.0	51.5	38.5
保山	23.4	36.2	40.4
昭通	18.8	43.0	38.2
丽江	14.6	40.4	45.0
普洱	25.6	35.7	38.7
临沧	26.9	34.4	38.7
楚雄	18.2	39.1	42.7
红河	15.2	46.5	38.3
文山	20.1	36.0	43.9
西双版纳	24.6	27.1	48.3
大理	20.2	38.4	41.4
德宏	22.9	25.0	52.1
怒江	14.7	30.6	54.7
迪庆	6.0	38.3	55.7

备注:数据来源于 2017 年《云南省统计年鉴》。

根据钱纳里 1970 年关于经济发展阶段的划分及修正标准,计算 2017 年经济发展阶段划分标准,见表 5.10。对照表 5.9,上海、天津、江苏等大部分沿海地区已经进入发达经济初期阶段,中国已经总体上进入了工业化发展的后期,而云南虽然也进入了工业化发展阶段,但工业化水平不高,除昆明、玉溪、迪庆处于工业化发展后期外,其余地区还处于工业化发展的中期或初期,工业化程度较低,见表 5.10。

表 5.9　钱纳里关于经济发展阶段的划分及修正

发展阶段		人均 GDP		
		1970 年/美元	2017 年/美元	2017 年/元
初级产品生产阶段	Ⅰ	100 ~ 140	530 ~ 750	3 600 ~ 5 040
	Ⅱ	140 ~ 280	750 ~ 1 490	5 040 ~ 10 090
工业化阶段	Ⅰ	280 ~ 560	1 490 ~ 2 990	10 090 ~ 20 180
	Ⅱ	560 ~ 1 120	2 990 ~ 5 980	20 180 ~ 40 360
	Ⅲ	1 120 ~ 2 100	5 980 ~ 11 210	40 360 ~ 75 670
发达经济阶段	Ⅰ	2 100 ~ 3 360	11 210 ~ 17 930	75 670 ~ 121 070
	Ⅱ	3 360 ~ 5 040	17 930 ~ 26 900	121 070 ~ 181 610

数据说明:(1)2017 年划分标准根据钱纳里 1970 年阶段划分标准,以 1970 年美元为基准通过美国
　　　　 GDP 平减指数转换因子,将 1970 年的阶段划分标准推演至 2017 年,并根据 2017 年美元对
　　　　 人民币 6.75 的汇率换算为人民币;(2)本表中选用的平减指数的基准年为 1952 年;(3)考
　　　　 虑到与钱纳里划分标准表现形式的一致性,本表显示数据保留到十位。

表 5.10　2017 年云南各地州人均 GDP 及经济发展阶段划分

地区	全国	昆明	玉溪	迪庆	楚雄	西双版纳	曲靖	红河	大理
人均 GDP/元	59 660	71 906	59 510	48 334	34 192	33 490	31 806	31 479	29 846
发展阶段	工业化后期			工业化中期					
地区	德宏	丽江	保山	怒江	临沧	普洱	文山	昭通	
人均 GDP/元	27 427	26 368	26 058	25 940	23 942	23 821	22 299	15 119	
发展阶段	工业化中期							工业化初期	

备注:数据来源于 2017 年《云南省统计年鉴》。

5.2.3　社会发展水平

　　云南社会发展进程总体上较为缓慢。新中国成立之前,云南省内依然同时

存在着参差不齐的社会形态和经济制度。比如怒江贡山独龙族、红河金平拉祜族的原始社会经济形态,西双版纳典型的封建领主经济。这些落后的社会经济制度成为新中国成立后新的社会制度及新的生产关系及生产力发展的障碍。随着新中国的成立和社会主义制度的确立,云南各地区逐步完成了生产、生活资料所有制和分配制度的集体化、公有化,全面确立了社会主义制度,各民族各阶层之间取得了平等的政治权利。在各族人民的辛勤劳动和国家民族政策的大力推动下,云南社会保障事业不断进步,文化教育和医疗卫生事业取得长足发展,人口素质得到较大改善。受自然、历史多方面因素的影响,云南区域差距、城乡差距依然较大,教育及医疗卫生发展水平均较为落后,表现出较弱的人类发展能力。

(1)城乡差距显著

从纵向看,云南各州市城镇及农村居民收入均保持较快的增长速度。从1995 年到 2017 年,云南城镇居民可支配收入平均名义增长率为 10%,与全国增长水平持平;农村居民人均纯收入平均名义增长率为 9.6%,比全国增长水平低 0.6 个百分点。但从横向上来看,2017 年云南城乡居民人均可支配收入分别为 30 996 元、9 862 元,均未达到全国平均水平(我国城镇居民人均可支配收入为 36 396 元,农村居民人均纯收入 13 432 元),尤其怒江城乡居民人均收入仅相当于全国 2010 年左右的水平。从 1995 年到 2017 年,云南各地州城镇居民可支配收入与农村居民纯收入之间差距逐步减小。其中,文山从 1995 年的 9.3 倍到 2017 年的 3.05 倍。但城乡差距依然较为显著,尤以怒江、迪庆较为突出。2017年,怒江、迪庆两地城乡居民可支配收入比分别为 3.86 倍和 4.10 倍。本书研究区域内 8 个地州城乡居民人均收入情况见表 5.11。

表 5.11 2017 年云南资源型地区城乡居民人均收入情况

城镇人均可支配收入/农村人均纯收入/元	地 区							
	楚雄	红河	文山	西双版纳	大理	德宏	怒江	迪庆
城镇居民	31 653	30 808	27 995	27 201	31 779	27 013	22 648	31 853
相当全国年份	2015	2015	2013	2013	2015	2013	2011	2015
全国城镇居民	31 185	31 185	26 955	26 955	31 185	26 955	21 810	31 185
农村居民	10 044	10 356	9 184	12 043	10 525	9 464	5 871	7 776
相当全国年份	2014	2014	2013	2016	2014	2014	2010	2012
全国农村居民	10 489	10 489	8 896	12 363	10 489	10 489	5 919	7 917
城乡收入差距/倍	3.15	2.97	3.05	2.26	3.02	2.85	3.86	4.10

备注:数据来源于 2017 年云南各少数民族自治州年鉴。

（2）社会发展缓慢

近年来,党和国家高度重视公共事业的发展,云南各地州区加大了公共事业建设的投入力度,为教育、医疗卫生、社会保障和就业等方面的较快发展提供了较好的资金保障。8 个案例地区公共事业支出占财政支出比重见表 5.12。

表 5.12 2017 年云南资源型地区公共事业支出占财政支出的比重

地区	楚雄	红河	文山	西双版纳	大理	德宏	怒江	迪庆
教疗支出比重/%	31.0	8.8	34.54	31.8	30.6	25.5	15.5	17.1
社保及就业支出比重/%	16.64	4.8	14.35	16.81	12.56	15.05	13.97	7.73

备注:数据来源于 2017 年云南各少数民族自治州年鉴。

1995—2017 年,云南资源型地区师生比不断改进,学龄儿童入学率得到提升,但辍学现象仍然存在。2018 年西双版纳初中净入学率为 81.91%,而怒江仅为 79.26%。文盲率依然居高不下。2015 年《云南省 1% 人口抽样调查资料》显示,本书 8 个案例地区文盲率均高于全省平均水平,除大理、楚雄外,其他 6

个地区文盲率高于全国 5.42% 的两倍以上,见表 5.13。

表 5.13　2015 年云南资源型地区文盲人口占 15 岁及以上人口比重

地区	楚雄	红河	文山	西双版纳	大理	德宏	怒江	迪庆
比重/%	6.04	12.74	12.88	14.03	6.34	12.06	23.96	22.42

相较于 1995 年,2017 年云南大部分地区医疗条件均得到改善,但平均水平依然偏低。截至 2017 年底,云南省共有专业公共卫生机构 1 840 个,医疗卫生机构拥有床位数 27.48 万张。全省每千常住人口公共卫生技术人员数为 5.91,低于全国 6.47 的平均水平。文山、大理、怒江、迪庆等地千人医疗床位数仍不及全国平均水平(5.27 张/千人),见表 5.14。

表 5.14　1995 年及 2017 年云南资源型地区千人床位数(张/千人)

地区	楚雄	红河	文山	西双版纳	大理	德宏	怒江	迪庆
1995 年	2.47	3.10	1.23	4.76	2.13	3.36	2.71	2.34
2017 年	5.85	5.90	4.90	6.41	5.37	6.51	4.73	3.72

备注:数据来源于 2017 年云南各少数民族自治州年鉴。

5.3　本章小结

本章通过对《中国统计年鉴》《云南统计年鉴》及各地区年鉴中自然、经济、社会相关数据分析发现,云南是生态环境退化、经济基础薄弱、社会发展滞后的叠加区域,人地系统整体效率较低,不协调状况显著。

云南是一个多山的省份,生态环境脆弱、生存条件恶劣等先天不足制约着自然资源有效开发和利用,加大了经济、社会的发展成本。在长期粗放型的经济发展方式下,生态系统退化,自然灾害频发。贫困又进一步加大资源型地区对生态环境的依存度,为维持生计,人们不惜开荒毁林,形成"越穷越垦,越垦越穷"的恶性循环圈。

部分贫困地区不仅是物质的匮乏,同时也体现为思想的贫乏。尤其是经济欠发达的地区,政府和家庭在教育方面投入力度不足,办学条件有限,师资力量薄弱,加上群众文化素质整体偏低,对教育没有足够的认识,缺乏长期投资的眼光,"读书无用"的观念依然盛行。因长期处于一种相对封闭状态,难以集聚科研机构和技术人才,知识的贫乏势必限制了群众对先进生存技能的掌控,大部分人只能从事传统的农牧业生产,形成另一个"因贫困而产生文盲,由文盲再导致贫困"的怪圈。

以上现象表明,区域人地系统各子系统之间产生了非良性耦合。吴传钧先生指出人是人地系统的主体,是物质能量循环的关键环节,人地关系是否协调,不决定于地而取决于人。因此,要协调区域人地关系,首先应确定合理的优化目标,引导人们的经济和社会活动不仅要符合经济子系统、社会子系统的反馈机制,满足自身对经济利益的追求,同时要符合自然子系统的反馈机制,不断提高生态环境的承载力,避免自然子系统受到人类主体活动的不良影响,促使区域人地系统中各组成要素之间在结构和功能联系上的相对平衡,实现人地系统整体效率的最大化。

6

人地系统协调发展测度模型构建

6.1　测度指标体系的构建

协调发展测度指标体系是描绘系统协调发展过程、测度协调发展程度、揭示协调发展机理、指导系统有效运行的依据。根据协同学伺服理论的慢弛豫变量支配原则,快弛豫变量服从慢弛豫变量,慢弛豫变量不仅决定着系统演化的进程,并且主导着系统演化的最终结构和有序程度。

在人地系统演化过程中,存在大量的影响因素,必须区分本质因素与非本质因素,必然因素与偶然因素,关键因素与次要因素,找出从中起决定作用的变量,建立完整、科学的测度指标体系,才能把握整个人地系统发展的方向,对系统协调发展水平进行时空上的比较,衡量系统目标达到的程度,找出系统发展中存在的问题,为纠正系统发展方向提供辅助决策。

为实现资源型地区人地系统协调发展状况的横向对比,本节将基于人地系统的特征及指标选取原则,构建人地系统协调发展测度指标体系。

6.1.1　指标体系构建原则与思路

协调发展指标体系不是指标的简单堆积和随意组合,而是根据一定原则而建立起来并能反映一个地区协调发展状况的指标集合。指标体系设计一般应遵循以下原则。

（1）指标体系构建原则

①完整性与系统性。人地系统是由多个子系统组合而成的复杂系统,测度指标体系应能够从不同侧面反映人地系统发展状态各方面的主要特征,实现描述内容的完整性,避免关键要素的遗漏;为准确刻画协调发展的本质,还要反映内部要素之间的相关性,同时要厘清各指标群之间的层次结构,体现出整体协调的关系。

②代表性与独立性。协调发展测度指标体系中指标的选取应以反映系统协调状态、发展状态的主要特征为限制条件,从多个要素的相对比较中选取重点,找出能够精确表征人地系统发展目标的主导因素,取舍得当、突出重点,选取最具代表性、综合性及专业性的指标。指标之间应当互不相关、彼此独立,保证指标的精确,以及指标体系结构的清晰。

③可得性与可行性。指标数据必须容易获得,优先选取从官方公开发布的统计数据及统计年鉴中可获得的现有统计指标,或者是可以根据现有统计指标转换的便于收集、易于量化的指标,定性指标也应有一定的量化手段与之相对应,以确保指标之间的可比性和测度结果的可靠性。为在实践中推广应用,指标不宜过多,应易于搜集、整理和计算,具有操作的可行性。

（2）指标体系构建思路

区域人地系统是一个复杂的巨系统,其协调发展涵盖多方面的内容,宜采用构建指标体系的方式进行协调发展水平测度。指标测度体系的建立既要借鉴已有指标体系的经验成果,反映区域发展的常态,又要关注研究区域协调发展的问题,契合研究区域自身特点。根据前文对协调发展内涵及可持续发展指标体系的分析,以及人地系统内部结构特点,本书参照可持续发展指标体系的三分量模式构建协调发展测度指标体系,即选择自然、经济和社会作为测度指标体系的 3 个主要组成部分,分别从自然、经济和社会子系统出发衡量人地系统协调发展水平。

协调发展测度指标体系构建的总体思路为:通过自上而下、逐层细化的系统设计方法,先确定指标体系的目标层,并将目标层分解为自然、经济、社会 3 个系统约束层,根据各个约束层的性质构建准则层(状态层、变量层),以文献梳理、频度统计等方法为基础,结合研究目标,建立云南资源型地区人地系统协调发展原始指标集;根据指标的可获得性和专家意见进行筛选,进而确定底层具体指标,完成云南资源型地区人地系统协调发展测度指标体系的构建。

6.1.2 测度指标体系框架

在借鉴国内外测度指标体系框架构建经验的基础上,结合云南资源型地区的实际情况,依照测度指标体系的设计思路,建立由自然、经济、社会 3 个子系统,以及目标层、系统层、状态层、变量层、要素层 5 个层次人地系统协调发展测度指标体系,具体框架如图 6.1 所示。

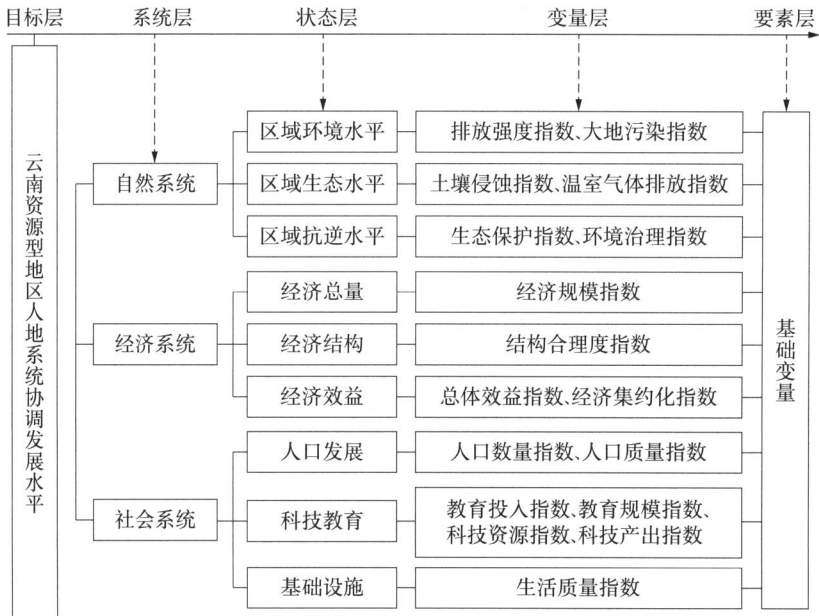

图 6.1 协调发展测度指标体系框架

（1）目标层

表达协调发展的总体水平,代表着区域协调发展的总体态势和总体效果。该指标体系建立的目的是通过纵向分析和横向对比,测度云南资源型地区人地系统协调发展水平。

（2）系统层

依照测度指标体系设计思路,将由系统内部结构所决定的系统层分为自然子系统协调发展、经济子系统协调发展、社会子系统协调发展。自然子系统为人类的生存和发展提供基本条件。经济子系统为其他子系统可持续发展提供物质保障。社会子系统的质量是整个系统实现协调发展的保证。

（3）状态层

表征各子系统的整体特征,能够代表系统行为的内部关系结构。在某一时刻起点,它们表现为静态,随时间变化,呈现出动态特征。

自然环境既是人类社会、经济活动的载体,也是人类生活、生产废弃物的收容场所;自然子系统中资源的利用率影响着自然环境对经济子系统、社会子系统的支持程度。本书主要从环境生态水平、区域抗逆水平两个方面的状态表征区域人地系统自然子系统发展度。环境生态水平反映人类活动对环境的影响程度;区域抗逆水平表示一个地区缓冲能力、环境自净能力、人类治理环境与保护生态的努力程度,以及人类对资源的利用效率。

经济子系统发展度通过经济发展总量、经济发展水平两方面的发展状态来表征。经济总量体现为经济发展的规模;经济发展水平体现一个地区经济发展阶段和发展潜力。

社会子系统发展度集中表现为社会发展水平和社会稳定能力。社会发展水平综合体现区域社会发展状况;社会稳定能力反映区域发展中社会公正及有序程度。

（4）变量层

选取 9 个综合性指数,从本质上反映系统状态的行为、关系、变化等原因和动力。自然子系统中,环境生态水平通过排放强度指数表征,区域抗逆水平通过环境治理与生态保护指数表征。经济子系统中,经济总量通过经济规模指数表征,经济发展水平通过经济结构合理度与经济推动力指数表征。社会子系统中,社会发展水平通过教育发展、医疗发展、社会结构指数表征,社会稳定能力通过社会公平与社会保障指数表征。

（5）要素层

采用可获得的、可测度的、可对比的指标，对基础变量的数量、强度、变化速率进行直接度量。

6.1.3 指标筛选

目前，常用的指标预选方法主要有文献统计法、理论归纳法和专家打分法。文献统计法是将与研究内容相关的文献进行梳理，按照指标的重要值进行排序，筛选出重要程度较高的指标。理论分析法是根据研究内容的内涵及研究目标来进行指标的筛选。专家打分法则是将待选指标建立关联矩阵，以专家对每个指标的评分来确定指标的重要程度。

以上3种方法各有优劣。文献统计法借鉴现有文献成果，较为客观、全面，但对于目前尚未研究或文献较少的指标体系的建立，此法显然无法应用。理论归纳法存在对理论理解偏差或不足，容易遗漏关键指标的问题。专家打分法主要依赖专家经验判断来决定指标重要程度，指标选取主观性较强。鉴于以上分析，本书采用文献统计与理论分析相结合的方法进行指标预选，并参考群落生态学中计算物种相对重要性的方法，通过相对密度、相对频度、相对显著度来衡量预选指标的重要值。计算方法为：

重要值 =（相对密度 + 相对频度 + 相对显著度）/3

相对密度 =（指标出现的文献数 / 全部文献数）× 100%

相对频度 =（指标的频度 / 全部指标的频度和）× 100%

相对显著度 =（指标在全部文献中的权重和 / 全部文献中指标权重总和）× 100%

（1）指标预选

为实现资源型地区人地系统协调发展状况的横向对比，增强指标体系的普适性，本书根据对区域人地系统协调发展含义和目标的理解，参考经济、社会、环境协调发展及可持续发展测度研究方面内容,精选出 20 篇文献,统计出 217 项指标,指标总频次为 609 次。

根据前文对区域人地系统结构的分析及本章构建的协调测度指标体系框架,将上述 217 项指标划分为自然子系统指标、经济子系统指标、社会子指标 3 类,并按指标重要值大小排序,选取列于前 30 位的指标,如图 6.2 所示。

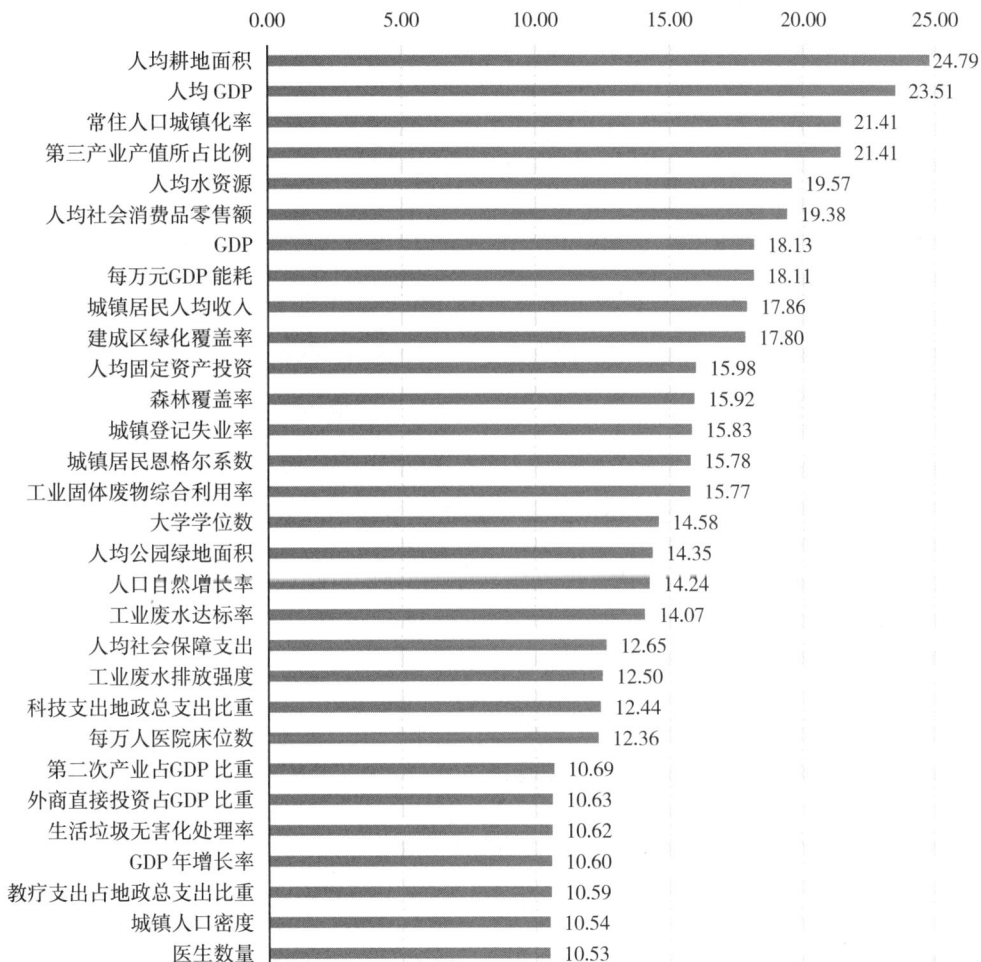

图 6.2　协调发展测度指标重要值

结合理论分析与指标数据的可获得性,对 30 项初选指标进行删减或增加。

（2）自然子系统指标筛选

生态环境发展状况可直观地体现人类活动对自然的影响程度以及环境保护力度。本书从区域环境水平、区域抗逆水平两方面选取基础指标用以衡量自然子系统发展度。

其中，区域环境水平通过"工业三废"排放强度来表征。"工业三废"是指工业生产过程中排出的废气、废水、废渣的简称。人地系统协调发展要求在促进经济、社会发展的同时，尽可能将经济、社会发展对环境的负面影响降至最低，减少废弃物排放，以实现人地系统整体效率的最大化。废弃物的排放是人地系统中人与自然进行物质交换的重要环节之一，其产生量的大小对人与自然关系的协调程度产生直接影响。在经济、社会发展速度加快和规模扩张的过程中，人类在生产和生活中产生的污水、废气与固体废物的数量剧增，持续的排放必将超出生态环境的承载能力，打破人类生活及生存环境的平衡状态，影响人地系统的自我调节能力。虽然引起生态环境破坏的原因众多，但工业污染仍是环境污染的主要源头。据估计，我国工业企业污染约占总污染的70%，在很大程度上加剧了环境与资源的压力。同时，"工业三废"排放强度能在一定程度上反映区域能源利用效率。因此，本书以工业废水排放量、工业废气排放量、工业固体废物产生量作为描述区域"工业三废"排放强度、衡量区域环境水平的指标。

区域抗逆水平包含环境治理指数和生态保护指数。水排放达标率、废气处置率、固体废物综合利用率是反映区域"三废"治理效率情况的主要指标，但云南少数民族各地州年鉴中对废水及废气处理情况的统计指标不统一，因此本书选取统计数据较为连贯的固体废物综合利用率来反映区域环境治理情况。其计算方法是：工业固体废弃物综合利用率=工业固体废弃物综合利用量/（工业固体废弃物产生量+综合利用往年储存量）×100%。

作为最为重要的土地生态类型，森林是涵养水源、固化土壤、净化空气的关键要素，对抵御自然灾害、维护生态平衡，以及应对"温室效应"具有重要作用。

森林覆盖率是一定行政区划内森林面积占区域土地总面积比重,体现了森林的碳汇能力。森林覆盖率越高意味着森林资源更为丰富,野生动植物具有更加开阔的生存空间,越有利于人地系统的均衡协调发展。森林覆盖率是测度生态系统保护状况的主要指标之一。但根据云南各地州年鉴,近年(1995 至今)各地区森林覆盖率并无明显变化。因此,本书选取对林业资源恢复和发展具有重要影响的指标——"造林面积",来表征各地区在林业资源开发和生态保护方面的状况。造林面积指报告期内在荒山、荒地、沙丘、退耕地等所有具备造林条件的土地上成片栽种的,经检查、验收符合《造林技术规程》要求,以及《中华人民共和国森林法实施条例》规定,成活率必须达到 85% 以上的乔木林和灌木林面积。但由于各地区在全国主体功能区规划中发展方式有所不同,因此该指标只作纵向测度指标,而未列入横向指标测度体系。

由于自然条件差异性的影响,各地区发展功能有别,人均耕地面积、水资源总量等资源禀赋类指标不利于从横向上衡量人地系统协调发展水平区域之间的差异因此删除该指标。

城市人均公园绿地面积和建成区绿化覆盖率是测评城市绿地状况,实现对城市生态活力衡量的指标。由于统计年鉴中上述两个指标数据不全,影响了指标纵向的可比性和统计的延续性,因此,本书未将其纳入测度指标体系。

(3)经济子系统指标选取

经济子系统是人地系统协调发展的物质基础。经济发展规模及发展水平是"人"与"地"由"低层次和谐"向"高层次和谐"发展的推动力量。经济结构在很大程度上影响着"人"与"地"之间的物质交换形式,对能否实现人地系统的协调可持续发展具有重要意义。因此,本书从经济发展总量、经济发展水平、经济发展结构 3 个方面选取国内生产总值(GDP)、社会消费品零售总额、固定资产投资、进出口贸易总额、第三产业占 GDP 比重 5 项指标衡量云南资源型地区经济子系统的发展度。

国内生产总值是目前用以衡量经济发展的一个重要直观指标。为对不同规模地区进行横向比较,通常弱化指标总量,选取人均国内生产总值衡量一个国家或地区一定时期内(一般为一年)经济发展的水平。该指标较为成熟、可比性较强,且可从国家统计局获得权威数据,因此是衡量不同区域经济发展状况的理想指标,其数值越高表明区域协调发展的支撑基础越牢固。

社会消费零售总额是各种经济类型的餐饮业、批发零售贸易业、制造业和其他行业对城乡居民和社会集团的消费品零售额和农民对非农业居民零售额的总称。售给城乡居民除住房外的生活消费品,机关团体、企事业单位、居委会、村委会等用作非生产、非经营用途的各类消费品均属于社会消费品。社会消费品零售总额是各类与消费有关的统计数据中,最能直接表现国内消费需求的数据。它是各行各业通过各种商品流通渠道向个人和团体提供的生活消费品总量的反映,是体现区域零售市场变动情况、经济景气程度的标志性指标。

固定资产投资总额是通过货币来表现固定资产活动的工作量,反映固定投资规模、速度、比例和方向的综合性指标。固定资产投资通过固定资产的建造和购置等经济活动,对地区生产力及经济结构进行调整,为区域经济实力的增强,人民物质文化生活条件的改善提供必要物质保障。固定资产建造和购置活动的工作量通过货币的形式来表现。

外贸依存度是一个地区经济发展对对外贸易的依赖程度,可用于衡量一个地区的对外贸易活动对该地区经济发展的影响程度,同时也反映出一个地区经济发展水平以及国际经济贸易的参与程度。其定量表现是一地区进、出口贸易总额与其国内生产总值之比。其数值越大表明该地区经济发展对国外市场的依赖程度越高,也反映国际市场对该地区产品的认可程度提高,对该地区经济的拉动作用增强。一般用对外贸易额进出口总值在国民生产总值或国内生产总值中所占比重来表示,即,贸易依存度 = 对外贸易总额/国民生产总值。比重的变化意味着对外贸易在国民经济中所处地位的变化。但云南部分地州 GDP 发展速度远远大于对外贸易进出口总额。在此,外贸依存度不能合理反映各地区经济发展水平的增长情况。因此,本书选取对外贸易进出口总额来反映各地区对外贸易发展水平的变化。

在承认经济发展对协调发展的重要性的同时,应注重经济发展结构的合理性。当前在工业化快速发展的阶段,我国对资源能源需求度较大,长期以来通过原材料投资拉动经济增长的传统模式不仅加剧了对资源能源的过度消耗,同时造成了资源的浪费、环境的污染、生态的破坏。因而,产业结构的优化、经济发展新模式的建立,实现经济结构的生态化转型对我国人地系统协调发展至关重要。第三产业占 GDP 的比重标志着一国或一地区经济的发展阶段,同时可从经济的角度体现区域人地系统的协调发展水平。根据国际经验,第三产业占GDP 比重不断提升是经济结构优化的体现,是经济发展到一定水平的结果,一般出现在经济发展由中低收入水平向中高收入水平转化的阶段。与第一、第二产业相比,第三产业具有知识密集、技术密集、劳动密集等优点,能吸纳大量的富余劳动力,并且发展过程中具有能源消耗低、污染排放小、附加值较高的优势,与生态文明发展特征相符。第三产业占 GDP 比重的不断提升对于降耗减排和促进人地系统的协调可持续发展具有重要意义。

（4）社会子系统指标选取

本书主要从社会发展水平、社会稳定能力两方面选取基础指标衡量云南资源型地区社会子系统发展度。

社会服务与人民生活息息相关,社会服务完善才能改善民生、提高人民生活水平、促进社会发展能力。教育和医疗是居民社会生活的基本部分,医疗和教育事业的发展是提供更好的公共服务的保证。完善的卫生医疗体系的建立,有利于降低人口死亡率,提高婴儿存活率,延长人类寿命,是人类健康生存的基础。教育是推动社会进步的动力,教育事业的发展有利于改变人的发展观念,提高劳动者的劳动技能,促进科技进步,从而优化人的智力结构和心理品质,引导经济增长方式向资源节约、环境友好、可持续的方向转变。因此,本书主要从教育、医疗卫生等公共事业方面选取具有代表性的基础指标衡量社会子系统发展度。

医疗卫生方面,本书选取每千人口医疗机构床位数作为衡量指标。在衡量教育发展水平方面,有的指标体系选用每万人拥有大学生人数,由于人口的流动性,该指标不能客观反映地区教育发展状况。师生比是对教育现状的一种描述,是体现教育资源率的一项重要指标。因此,将其列入本书人地系统协调发展指标体系。本书所指师生比即中小学专职教师人数与培养学生人数之间的比例。选取教育、医疗支出占 GDP 的比重表征政府对于教育、医疗事业的重视程度。

社会公平及社会安全保障是社会稳定的基础,本书将城镇化率、城乡居民收入差距和社会保险及就业投入占 GDP 比重作为衡量社会子系统稳定能力的指标。

城镇化是未来相当长一段时间内中国经济社会协调可持续发展的主要推动力量,对于打破城乡二元结构、构建和谐社会具有重要意义,是目前国家统计局发布的用于衡量城镇化发展水平的主要指标。新型城镇化建设在内涵上与人地系统协调发展的要求一致,即要实现低能耗、少污染、高效率、人与自然和谐的城镇化。本书所指的城镇化率是常住人口城镇化率而非户籍人口城镇化率,即城镇人口占总人口的比重。

城乡居民人均收入比反映城乡居民之间的收入差距,本书通过城镇居民人均可支配收入与农村居民人均纯收入之间的比值来表征。收入均衡是优化城乡结构,实现社会公平、维护社会稳定的重要内容。这一指标本身属于适中指标,但城乡差距较大,农村发展较为落后的地区可将其作为正向指标来参考。世界银行报告显示,世界上大多数国家的城乡收入比在 1.5 左右。由于城乡生活成本存在差异,城乡收入比为 1 的完全均等情况并不现实,因此,选取参考值1.5 作为该项指标的国际标准。

社会保障被誉为社会发展的安全网和稳定器。建立、健全同经济社会发展水平相适应的社会保障体系是体现社会公平、维护社会和谐的重要保障,也是涉及人民根本利益的民生问题。社会保障支出,是用于社会保障制度运作,为居民最低生活水准提供保障的一种支出形式。它具有调节分配关系、减缓收入和财产差距、保障社会公平、维护社会安定的功能。越是发达的地区,对社会保障的重视程度越高。社会保障水平是一定时期内,一国或地区为社会成员所提供基本社会生活保障的程度的指标。从社会保障水平的内涵的角度,可大致将其划分为微观和宏观两个方面。从微观层面来看,社会保障水平是指公民享受社会保障经济待遇的程度,可通过收益给付和社会工资水平之间的比值来测量。从政府层面来看,社会保障水平等于社会保障支出在政府财政支出中的占比。从宏观上来看,社会保障水平则指社会保障支出总额在国内生产总值中的比重,它反映出地区社会保障发展的深度。由于社会保障支出总额与国内生产总值的比重这一指标能够准确地反映一国或地区社会发展的总体状况,在学术界被广泛用于比较地区间社会发展水平差异。

6.1.4　测度指标体系确立

借鉴国内外测度指标体系经验,基于测度指标体系设计思路与选取原则,从自然子系统、经济形态、社会子系统共选取 16 项指标构建区域人地系统协调发展测度指标体系,用以衡量云南资源型地区人地系统协调发展水平,见表6.1。

表 6.1　云南资源型地区人地系统协调发展测度指标体系

子系统	基础指标	单位	性质
自然子系统	工业废水排放量	万吨	负向
	工业废气排放量	亿立方米	负向
	工业固体废物产生量	万吨	负向
	工业固体废物综合利用率	%	正向
	造林面积(纵向指标)	千公顷	正向
经济子系统	固定资产投资	亿元	正向
	社会消费品零售总额	亿元	正向
	人均 GDP	元	正向
	对外贸易进出口总额	亿美元	正向
	第三产业占 GDP 比重	%	正向

续表

子系统	基础指标	单位	性质
社会子系统	城镇化率	%	正向
	城乡居民人均收入差距	元	负向
	社保支出占 GDP 比重	%	正向
	教疗支出占 GDP 比重	%	正向
	千人床位数	张	正向
	中小学师生比	/	正向

本章结合指标体系完整性、代表性及数据可得性的构建原则,建立了人地系统协调发展测度指标体系。构建的人地系统协调发展测度指标体系,涵盖了自然、经济、社会 3 个子系统中的 16 项指标。考虑到各项指标表征的对象对系统协调发展影响的差异性,为消除这种差异,提出采用熵值赋权法对指标体系中各项指标赋权。

建立了区域人地系统协调发展测度模型。该模型可以从人地系统发展的结果与过程两方面进行测度。

基于对指标数据标准化处理及赋权结果,建立子系统发展度模型,用于测度各子系统发展度。根据系统协调理论和自然-经济-社会协调发展的内涵,建立了基于离差系数最小化的协调度模型,用于测算区域人地系统中自然、经济、社会 3 个子系统之间的协调度。在人地系统发展度和协调度模型建立基础上,构建协调发展度测度模型。此模型从自然、经济、社会子系统之间相互协同、和谐互促的协调程度,以及自然、经济、社会子系统的发展度两个方面系统考察人地系统协调发展结果。

6.2 权重分析

为了使指标体系在实际应用中更加科学、客观地测度区域协调发展水平,需要对指标体系所选取的各项指标进行量化。考虑到各项指标表征的对象对系统协调发展均会产生影响,且影响程度不一,采用指标赋权方法来消除这种差异。权重是以量化形式权衡指标在系统中相对重要程度的量值,是测度主体主观偏好和指标物理属性客观反映的综合度量,权重赋值合理与否直接影响着测度结果的准确性。

当前,确定指标权重的方法主要有主观赋权法和客观赋权法两大类。主观赋权法,由专家根据主观价值的判断来赋予指标权数,该方法中各指标的权重大小主要取决于评价者或专家的知识结构或偏好。虽然能反映评价者的主观意愿,但客观性和稳定性不足。因此,一般适用于数据收集困难和指标信息难以准确量化的评价。客观赋权法,利用数理统计的方法将各指标经过分析处理后得出权数的一类方法,该方法根据样本指标的特点来进行赋权,具有较好的规范性。在实际应用中,当样本指标较为独立时可选用变异系数法;样本指标过多、计算量较大时,选用主成分分析法可大幅度减少工作量;若指标间联系复杂则应采用熵值法来进行赋权。

本书建立的协调发展测度指标体系中的指标均可量化,并且需要从时间序列上对资源型地区的协调发展演化情况进行分析,又要从横向地域上对各地区之间的差异进行对比,且人地系统内各要素间在客观上是相互联系的,因此,本书选用可信度较大、自适应功能能强的熵值赋权法对各指标进行赋权。

"熵"原本是热力学概念,它最先由 Claude E. Shannon 引入信息论,称为信息熵。之后,逐渐在工程技术、社会经济等领域得到广泛应用。"熵"是对不确定性的一种度量。不确定性随信息量的增大而减小,熵也随之越小;反之,随信息量的减小而增大,熵也越大。因此,我们可以根据熵的这一特性来识别某一指标的离散程度,指标离散程度大意味着该指标对综合测度的影响越大,指标权重也更为客观。"差异驱动"是熵值赋权法产生的理论依据,它突出局部的差异,通过实际的样本数据求取最优权重,确保指标能对大部分的原始信息进行客观反映,消除了测度指标没有统一标准的问题,减少主观因素对测度过程的干扰,因此能计算出更科学可信的指标权重值。

6.2.1 数据标准化处理

在多指标测度体系中,测度指标性质各异,且具有不同的量纲和数量级。若直接将原始数据用于测度分析,数值水平较高的指标将对测度结果产生更大的影响力,进而削弱了数值水平较低的指标对测度结果的影响。为使测度结果更具合理性,需要通过原始指标数据的标准化处理,消除数据间不同单位、不同量纲、不同数量级对测度结果的影响。

数据标准化处理主要是对数据进行同趋势化处理及无量纲化处理。数据同趋势化处理主要针对不同性质数据不能直接加总的问题,须先改变逆指标数据的性质,使所有指标对测度方案的作用力同向化,才能在测度过程中正确反映指标的综合影响。数据无量纲化处理则要去除数据的单位限制,将其转化为纯数值,使原本单位或量级不同的指标能够进行比较和加权。

协调度是表征系统内部各子系统或要素之间协调发展程度、衡量系统有序性的定量指标。系统的发展演化是一个由"协调"到"不协调"再到"协调"的不断波动的过程,当系统处于完全协调状态时,协调度的值为 1,当系统处于完全不协调状态时,协调度的值为 0,但绝对协调或绝对不协调的系统是较少存在的,系统多处于协调与不协调状态之间,也就是说系统协调度的值通常介于 $(0,1)$ 之间。为使协调发展指数的计算值可以被解释,以及便于下文指标的熵权赋值计算,在此,使所有标准化后的值落在 $[0.01,1]$ 之间。同时,本书将指标分为正向指标和负向指标,采用分段函数方法对数据进行标准化。

设有 l 个指标,m 个地区,n 个年份,则 x_{ijk} 为第 i 个指标在 j 地区第 k 年的指标值,x'_{ijk} 为对应指标数据标准化后的值,$i = 1,2,\cdots,l; j = 1,2,\cdots,m; k = 1,2,\cdots,n$。

对于指标值越大测度结果越好的正指标,本书通过以下函数来进行数据的标准化处理:

$$x'_{ijk} = \begin{cases} \dfrac{x_{ijk} - \min\{x_i\}}{\bar{x}_i - \min\{x_i\}} \times 0.49 + 0.01, & \min\{x_i\} \leqslant x_{ijk} \leqslant \bar{x}_i \\[3mm] \dfrac{x_{ijk} - \bar{x}_i}{\max\{x_i\} - \bar{x}_i} \times 0.5 + 0.5, & \bar{x}_i \leqslant x_{ijk} \leqslant \max\{x_i\} \end{cases} \quad (6\text{-}1)$$

对于指标值越小测度结果越好的逆指标,本书通过以下函数来进行数据的标准化处理:

$$x'_{ijk} = \begin{cases} \dfrac{\bar{x}_i - x_{ijk}}{\bar{x}_i - \min\{x_i\}} \times 0.5 + 0.5, & \min\{x_i\} \leqslant x_{ijk} \leqslant \bar{x}_i \\[3mm] \dfrac{\max\{x_i\} - x_{ijk}}{\max\{x_i\} - \bar{x}_i} \times 0.49 + 0.01, & \bar{x}_i \leqslant x_{ijk} \leqslant \max\{x_i\} \end{cases} \quad (6\text{-}2)$$

式中,$\bar{x}_i$ 是第 i 个指标所有样本的平均值,$\max\{x_i\}$ 和 $\min\{x_i\}$ 是指标所有样本的最大和最小值。为避免在求熵值的过程中取对数时数值无意义,对极值标准化后的数值坐标平移 0.01。

6.2.2 指标权重计算

某一指标的权重,是指该指标在整体评价中的相对重要程度,强调的是因素或指标的相对重要性程度。在单项指标已经确定的情况之下,权数的变化将不可避免地导致评价结论的变化。因此,对综合评价指标体系中的各项指标合理地分配权重是量化评估的关键,权重的构成是否合理,直接影响到评估的科学性。本书采用熵值法,通过计算每个指标的变异与信息熵来确定指标的冗余熵,进而进行权重计算,步骤如下。

j 地区第 k 年的指标 i 得分占总样本的比重:

$$y_{ijk} = \frac{x'_{ijk}}{\sum_{k=1}^{n} \sum_{j=1}^{m} x'_{ijk}} \quad (6\text{-}3)$$

指标 i 的信息熵计算:

$$e_i = -\frac{1}{\ln(mn)} \sum_{k=1}^{n} \sum_{j=1}^{m} y'_{ijk} \ln(y_{ijk}) \qquad (0 \leqslant e_i \leqslant 1) \quad (6\text{-}4)$$

指标 i 的冗余熵计算：

$$d_i = 1 - e_i \qquad (6\text{-}5)$$

指标 i 在系统内的权重：

$$w_i = \frac{d_i}{\sum_{i=1}^{l} d_j} \qquad (6\text{-}6)$$

6.3 协调发展测度模型设计

6.3.1 协调发展测度模型

系统协调的核心思想是，采取一定的方法组织和调控目标系统，找出消除或缓解矛盾及冲突的途径，促使系统由无序向有序转变，进而进入协同或和谐的状态。然而系统及其子系统表现出何种属性时可将其判定为协调，或者说当系统处于最佳协调状态时系统及其子系统应具备什么属性，并没有一个十分明确的界定。协调发展模型是测度系统协调发展的核心。学者们基于对系统协调度的不同理解，或是基于对协调理想状态的不同假设，建立了不同的协调发展测度的模型。

（1）离差系数最小化协调度模型

廖重斌将系统协调发展定义为多个子系统在协调条件约束下的一种强调整体性和内在性的综合发展，建立了离差系数最小化协调度模型。其中，离差系数：

$$C_{v(t)} = s_{(t)} / \bar{x}_{(t)} \qquad (6\text{-}7)$$

式中，$s_{(t)}$ 表示各子系统发展度在 t 时刻的标准差，$\bar{x}_{(t)}$ 为平均值。

$$s_{(t)} = \sqrt{\frac{1}{n-1} \sum_{i=1}^{n} \left[x_{i(t)} - \frac{1}{n} \sum_{i=1}^{n} x_{i(t)} \right]^2} \qquad (6\text{-}8)$$

$$\bar{x}_{(t)} = \frac{1}{n} \sum_{i=1}^{n} x_{i(t)} \tag{6-9}$$

则：

$$C_{v(t)} = \sqrt{n\left[1 - \frac{1}{C_n^2}\sum_{i \neq j} x_{i(t)} x_{j(t)} \Big/ \left(\sum_{i=1}^{n} x_{i(t)}/n\right)^2\right]} \tag{6-10}$$

若要 $C_{v(t)}$ 越小，须 $\frac{1}{C_n^2}\sum_{i \neq j} x_{i(t)} x_{j(t)} \Big/ \left(\sum_{i=1}^{n} x_{i(t)}/n\right)^2$ 越大，由此推导出离差系数

最小化协调度模型：

$$C_{(t)} = \left[\frac{1}{C_n^2}\sum_{i \neq j} x_{i(t)} x_{j(t)} \Big/ \left(\sum_{i=1}^{n} x_{i(t)}/n\right)^2\right]^k \tag{6-11}$$

式中，$C_{(t)}$ 为协调度，k 为调节系数，且 $k \geqslant 2$。该模型中，$\sum_{i=1}^{n} x_{i(t)}/n$ 即系统的发展度，在一定的发展度下，若子系统的协调度 $x_{i(t)}$ 与 $\sum_{i=1}^{n} x_{i(t)}/n$ 越接近，$C_{v(t)}$ 子系统间的离差系数越小，系统协调度 $C_{(t)}$ 越大。

该模型隐含的协调状态，即在子系统一定综合效益或发展水平条件下，各子系统实际发展状态越接近，且与系统综合发展水平之间差距越小，则系统越协调。

（2）隶属函数协调度模型

陈长杰等基于模糊数学综合测度法建立了隶属函数协调度模型。该模型引入模糊数学中隶属度的概念，通过模糊评价矩阵的构造来测算系统内部各子系统相对于其他子系统的协调发展度，进而建立系统协调度模型。子系统间的相对协调度模型为：

$$c(i/\bar{i}_{n-1})_{(t)} = \exp\left\{-\frac{(x_{i(t)} - x'_{i(t)})^2}{s_i^2}\right\} \tag{6-12}$$

式中，$\bar{i}_{n-1}$ 表示除子系统 i 外的其他 $n - 1$ 个子系统构成的复合系统，$c(i/\bar{i}_{n-1})_{(t)}$ 表示 t 时期，子系统 i 的实际值与除子系统外的其他 $n - 1$ 个子系统构成的复合系统对系统 i 所期望的协调值之间的接近程度，即两者之间的协调

发展系数。$x_{i(t)}$ 表示子系统 i 的实际发展水平值。$x'_{i(t)}$ 表示 t 时期子系统 i 在与其他子系统的实际值相协调的条件下,所处的相对发展水平值,该值通过拟合方程对系统变量进行回归拟合求得。s_i^2 表示子系统的发展度方差。

根据式(6-12),进一步测算系统间的静态协调度,模型如下:

$$
c_t = \begin{cases}
\dfrac{\min\left[c(i/\bar{i}_{n-1})_{(t)}\right]}{\max\left[c(i/\bar{i}_{n-1})_{(t)}\right]}, & n = 2 \\[4mm]
\dfrac{\displaystyle\sum_{i=1}^{n} c(i/\bar{i}_{n-1})_{(t)}\, c(\bar{i}_{n-1})_{(t)}}{\displaystyle\sum_{i=1}^{n} c(\bar{i}_{n-1})_{(t)}}, & n > 2
\end{cases}
\tag{6-13}
$$

式中,$c(\bar{i}_{n-1})_{(t)}$ 表示在表示 t 时期,除子系统 i 外的其他 $n-1$ 个子系统构成的复合系统 $\bar{i}_{n-1}$ 的协调度。

在该模型中,c_t 越大系统协调度越高。由式(6-12)与式(6-13)可知,在一定发展度差异水平 s_i^2 下,各子系统的实际发展度 $x_{i(t)}$ 与其相对发展水平值 $x'_{i(t)}$ 越一致,即 $x_{i(t)} - x'_{i(t)}$ 的值越小,协调度越大。

该模型隐含的协调状态即:在一定的差异水平下,各子系统的实际发展状态与该子系统的相对发展状态越接近,则系统越协调。

(3)资源环境基尼系数协调模型

王金南等将基尼系数引入到子系统公平性测度中,并以地区为基本单元,分别以各基本单元污染排放量(或资源消耗)的累计比例和经济贡献的累计比例为纵坐标和横坐标,按两者比值排序,并根据资源环境洛伦茨曲线图,计算出资源环境基尼系数,以此判断各基本单元的协调度。

该模型隐含的协调状态即:各子系统贡献值或消耗值在不同单元内的分配越均衡,则系统越协调。

综合以上模型可知,协调是一个相对概念,协调度是一个相对值。以上协调度模型都规定了各自的系统协调理想状态,并以此作为系统协调度评定的标准,对协调度的评定即测算系统实际发展状态与理想状态之间的距离。但协调度仅描述了系统之间的耦合关联关系,低水平的发展状态也可能呈现出较高的协调度。因此,协调发展应是"协调"与"发展"的交集,是系统或系统内部要素之间配合得当、和谐有序,形成由低级到高级,由简单到复杂,由无序到有序的良性演化的过程。

同时,系统的协调发展是一个不断演化的过程,人地系统子系统之间的协调应相对其发展状态而言。协调度相同的系统也会在发展过程中呈现出不同的发展效率,一个可能是高效协调,而另一个则是低效协调。高效率的协调发展不是单一系统或单一要素的增长,而是一种追求整体效率的、多元化的综合发展。

6.3.2　模型的建立

本书采用综合测度方法,将发展度与当时特定的人地系统协调度综合起来,用协调发展度表示某一发展水平上的协调状况,并建立协调发展度条件约束下的 DEA 协调发展效率模型,从系统发展综合效率角度测度区域人地系统的协调发展水平。

（1）子系统发展度模型

发展是指事物由小到大,由简单到复杂,由低级到高级,不断更新变化的运动过程。在对发展度测度的过程中,只关注发展度的大小,并不需要对系统发展度的影响因素进行详细分析。因此,可采用一般数学方法对观测数据做无量纲化合成处理,从而测评各地区发展度情况。

本书建立的协调发展测度指标体系中的指标数据均为等距尺度测量值,进行加减计算后,其计算结果仍具有意义。因此,本书采用加权算术平均法来建立发展度测度模型。

设 $x_1, x_2, \cdots, x_l$ 为表征自然子系统协调度的 l 个指标, $y_1, y_2, \cdots, y_m$ 为表征自然子系统协调度的 m 个指标, $z_1, z_2, \cdots, z_n$ 为表征自然子系统协调度的 n 个指标, $x_l, y_m, z_n > 0$。则函数 $f(x), g(y), h(z)$ 分别为自然子系统发展度、经济子

系统发展度、社会子系统发展度则：

$$\left.\begin{aligned} f(x) &= \sum_{i=1}^{l} a_i x_i' \\ g(y) &= \sum_{i=1}^{l} b_i y_i' \\ h(z) &= \sum_{i=1}^{l} c_i z_i' \end{aligned}\right\} \tag{6-14}$$

式中，a_i、b_i、c_i 分别为自然、经济、社会各子系统内各项指标的待定权重值，x_i'、y_i'、z_i' 是系统指标数据经标准化处理后的值。

从上述模型中可以看出，发展度由指标的观测值及指标对应的权数来决定，权数的作用在该模型中比在其他合成模型中更加明显，当权数较大指标发生变化时，综合测度值将产生比权数较小指标发生变化时更大的反应。

（2）协调度模型

基于离差系数最小化协调度模型，测算区域人地系统中自然、经济、社会 3 个子系统之间的协调性。

测度区域人地系统 3 个子系统间协调度的数学模型为：

$$C = \left\{ \frac{3\left[f(x)g(y) + f(x)h(z) + g(y)h(z)\right]}{\left[f(x) + g(y) + h(z)\right]^2} \right\}^k \tag{6-15}$$

式中，k 为调节系数，一般 $k \geqslant 2$。协调度值 C 能反映人地系统协调程度。计算模型中，$0 \leqslant C \leqslant 1$，当 $C = 1$，系统处于最佳协调状态，协调度 C 值越小，系统协调程度越低。

（3）协调发展度模型

式（6-15）刻画了自然、经济与社会 3 个子系统相互协调的程度，它对约束经济、社会、环境的发展行为，促进三者协调发展具有重要意义。但是，协调度不能完全反映出三者之间协调发展度。协调度相同地区可能呈现出明显的发展差距，此时，协调度便不能衡量地区之间发展的差异性。引入协调发展度概念，以作为系统或要素之间协调发展度测度指数。

协调发展度模型以协同学的伺服原理为理论基础,即慢弛豫参量支配快弛豫参量,慢弛豫参量规定系统演化过程及最终状态或结构。在复杂系统中,各子系统之间存在着合作与竞争的关系,既相互促进又相互制约。子系统变化速度往往是不同步的,在他们相互作用的过程中,发展较慢的子系统主宰着整个系统发展的方向。根据前文对"协调发展"概念的界定,将度量经济、社会、环境协调发展水平的指数称为协调发展度,用 D 表示。计算公式为:

$$\left.\begin{array}{l} D = \sqrt{CT} \\ T = \alpha f(x) + \beta g(y) + \gamma h(z) \end{array}\right\} \tag{6-16}$$

式中,D 为协调发展度,C 为协调度,T 为系统的发展度,$f(x)$、$g(y)$、$h(z)$ 分别为自然子系统发展度、经济子系统发展度、社会子系统发展度,α、β、γ 分别为自然、经济、社会子系统的权重值。

协调发展度模型不仅描述了自然、经济、社会 3 个子系统之间的协调程度,同时刻画了三者所处的发展度。因此,可用于不同区域之间或者同一区域在不同时间段人地系统协调发展状况的测度和对比。

(4)协调发展效率测度模型

人地系统是一个复杂的巨系统。整个人地系统即为一个由子系统间"投入""产出"关系联系起来的复杂系统。协调发展强调的是多个子系统及系统内部要素间的协调,是一种多元化的发展。协调能力强意味着系统能以较少的资源、环境的损耗获得经济、社会方面的发展。因此,人地系统的协调发展应在强调"协调"和"发展"的基础上充分考虑系统内在的投入产出关系。复合系统内部的发展效率则是描述子系统间投入产出联系,体现人地系统协调发展效率最直观的工具。因此,本书将建立 DEA 模型,进一步分析云南资源型地区人地系统的协调发展状况。

数据包络分析(Data Envelopment Analysis, DEA)是由美国著名运筹学家A. 查尼斯(A. Charnes)和 W. W. 库柏(W. W. Cooper)等基于 Farrell 的"相对效率"概念提出的一种测度具有相同类型的多投入、多产出的决策单元效率的非参数分析方法。DEA 模型将每一个被测度对象定义为一个决策单元(Decision

Making Units，DMU），进而应用数学规划模型，以被测度单元群体的各个投入和产出指标的权重为变量进行分析解算，利用投入和产出比率确定有效生产前沿面，并根据每一个 DMU 与有效生产前沿面的距离，判断各个单元投入/产出的合理性和有效性。DEA 方法将决策单元的输入输出权重作为变量，从最有利于决策单元的角度进行测度，避免了指标的权重问题；若假定决策单元中输入输出之间存在某种关系，使用 DEA 方法则不需确定这种关系的显式表达式。

本书将人地系统视为一个多投入和多输出的生产系统，人地系统演化过程即自然、经济、社会 3 个子系统之间物质转换、价值转移以及再生产的过程，运行目的是人类通过开发和利用资源，实现 3 个子系统之间的投入产出效率的最大化。DEA 方法主要依据决策单元的实际背景以及测度目的来进行模型的选取，本书主要研究人地系统中自然、经济、社会 3 个子系统协调发展的综合效率，并不单独考虑规模效率和技术效率。

C^2R 模型中的 DEA 有效的决策单元是规模和技术综合有效模型，可同时测度决策单元的规模有效性和技术有效性。因此，选取 DEA 方法中的 C^2R 模型，将协调发展度作为投入指标之一，测度在既定的协调发展状态下，人地系统发展的综合效率。模型建立如下：

$$
\begin{array}{ccccccc}
& & DMU_1 & DMU_2 & \cdots & DMU_1 & \text{（决策单元）}\\
v_1 & 1\rightarrow & x_{11} & x_{12} & \cdots & x_{1s} & \\
v_2 & 2\rightarrow & x_{21} & x_{22} & \cdots & x_{2s} & \\
\text{（投入）} \vdots & \vdots & \vdots & \vdots & \cdots & \vdots & \\
v_m & m\rightarrow & x_{m1} & x_{m2} & \cdots & x_{ms} & \\
& & y_{11} & y_{12} & \cdots & y_{1s} & \rightarrow 1 \quad u_1\\
& & y_{21} & y_{22} & \cdots & y_{11} & \rightarrow 2 \quad u_2\\
& & \vdots & \vdots & \cdots & \vdots & \vdots \quad \text{（产出）}\\
& & y_{n1} & y_{n2} & \cdots & y_{ns} & \rightarrow n \quad u_n
\end{array}
$$

$$（6-17）$$

设有 s 个决策单元 DMU，决策单元 r 记为 DMU_r，$1 \leqslant r \leqslant s$，每个 DMU 有 m 种投入和 n 种产出，x_{ir} 为第 r 个决策单元的第 i 种投入指标（$i = 1, 2, \cdots, m$），y_{jr} 为第 r 个决策单元的第 j 种产出指标（$j = 1, 2, \cdots, n$），v_i 是第 i 种投入的权重，u_j 是第 j 种产出的权重。记 $X_r = (x_{1r}, x_{2r}, \cdots, x_{mr})^{\mathrm{T}}, x_{ir} > 0, Y_r = (y_{1r}, y_{2r}, \cdots, y_{nr})^{\mathrm{T}}, y_{jr} > 0, v = (v_1, v_2, \cdots, v_m), u = (u_1, u_2, \cdots, u_n)$。决策单元 DMU_r 的效率测度指数定义为：

$$h_r = \frac{uY_r}{vX_r}, \qquad r = 1, 2, \cdots, s \tag{6-18}$$

以决策单元 r_0 的效率测度指数为目标，以所有决策单元的效率指数为约束，建立 DMU_r 的 C^2R 模型：

$$\max \frac{uY_r}{vX_r}$$
$$s.\,t. \begin{cases} \dfrac{uY_r}{vX_r} \leqslant 1, & r = 1, 2, \cdots, s \\[2mm] v_i \geqslant 0, & u_j \geqslant 0 \end{cases} \tag{6-19}$$

式（6-19）是一个分式规划，使用 C^2 变换将上式转化为等价的线性规划形式。

假设 $t = \dfrac{1}{v^{\mathrm{T}} X_0}, \omega = tv, \mu = tu$，则分式规划问题转化为：

$$\max \mu^{\mathrm{T}} Y_0$$
$$s.\,t. \begin{cases} \omega^{\mathrm{T}} X_r - \mu^{\mathrm{T}} Y_0 \geqslant 0, & r = 1, 2, \cdots, s \\ \omega^{\mathrm{T}} X_0 = 1 \\ \mu \geqslant 0, & v \geqslant 0 \\ w_i \geqslant 0, & u_j \geqslant 0 \end{cases} \tag{6-20}$$

式（6-20）中，$\omega = (\omega_1, \omega_2, \cdots, \omega_m), \mu = (\mu_1, \mu_2, \cdots, \mu_n)$ 上式的对偶规划为：

$$\theta^0 = \min \theta$$

$$s.t. \begin{cases} \sum_{r=1}^{n} \lambda_r x_r + s^- = \theta x_0 \\ \sum_{r=1}^{s} \lambda_r x_r + s^+ = y_0 \\ \forall \lambda_r > 0, r = 1, 2, \cdots, s \\ s^+ \geqslant 0, s^- \geqslant 0 \end{cases} \tag{6-21}$$

①当 $\theta = 1$ 并且 $s_i^- = s_i^+ = 0$ 时,称被测度单元各投入要素配合最优。即 n 个测度对象中,投入 x_0 基础上产出 y_0 达到最优。

②当 $\theta = 1$ 并且 $s_i^- \neq 0, s_i^+ \neq 0$ 时,称被测度单元各投入要素配合弱有效。其含义是可以对投入 x_0 减少,而保持原来的 y_0 不变,或者在投入 x_0 不变的情况下产出可以提高 s_i^+。

③若 $\theta < 1$ 且 $s_i^- \neq 0, s_i^+ \neq 0$,则认为测度单元各投入要素配合无效。即投入可以降低到 $\theta \cdot x_0$ 而保持原产出 y_0 不变。

6.4　本章小结

本章结合指标体系完整性、代表性及数据可得性的构建原则,建立了人地系统协调发展测度指标体系。构建的人地系统协调发展测度指标体系,涵盖自然、经济、社会 3 个子系统中的 16 项指标。考虑到各项指标表征的对象对系统协调发展影响的差异性,为消除这种差异,提出采用熵值赋权法对指标体系中各项指标赋权。

建立了区域人地系统协调发展测度模型。该模型可从人地系统发展的结果与过程两方面进行测度。

①基于对指标数据标准化处理及赋权结果,建立子系统发展度模型,用于测度各子系统发展度。根据系统协调理论和自然-经济-社会协调发展的内涵,

建立了基于离差系数最小化的协调度模型,用于测算区域人地系统中自然、经济、社会 3 个子系统之间的协调度。在人地系统发展度和协调度模型建立基础上,构建协调发展度测度模型。此模型从自然、经济、社会子系统之间相互协同、和谐互促的协调程度,以及自然、经济、社会子系统的发展度两个方面系统考察人地系统协调发展结果。

②本书将人地系统视为一个多投入和多输出的生产系统,人地系统演化过程即自然、经济、社会 3 个子系统之间物质转换、价值转移以及再生产的过程,运行目的是人类通过开发和利用资源,实现自然、经济、社会 3 个子系统综合效率的最大化。因此,选取 DEA 方法中的 C^2R 模型,将协调发展度作为投入指标之一,测度在既定的协调发展状态下,系统发展的综合效率。

7

云南资源型地区人地系统
协调发展测度与分析

围绕第 6 章中建立的云南资源型地区人地系统协调发展测度指标体系,结合协调发展测度模型,对云南资源型地区人地系统的子系统发展度、协调度、协调发展度,以及协调发展效率进行测度。

7.1　指标数据统计与分析

基于前文构建的云南资源型地区人地系统协调发展测度指标体系,通过《中国区域经济统计年鉴》(2000—2014)、《云南统计年鉴》(1996—2018),以及云南地州年鉴,对指标数据进行了统计并进行指标权重计算。

7.1.1　指标数据统计

统计数据中存在统计口径变更及数据缺失两方面的问题,因此需对数据进行整理和修正。

(1)统计口径变更

本书城镇化率计算方法为市镇人口数除以总人口数。经查阅 1996—2018 年《云南统计年鉴》中市镇人口数量及人口总数,计算得到 1995—2017 年各地区城镇化率。但 2000 年城镇化率比 1999 年陡然下降 50% 左右。将该组数据与全国相应年份数据对比发现,从 1988 年到 1999 年,云南省及各地州城镇化率明显高于全国,与实际不符。同时,据 2001 年《云南统计年鉴》主要统计指标解释,1999 年以前与 2000 年之后云南省人口统计口径发生了变化。1999 年以前是按常住人口划分市镇人口和乡村人口,而 2000 年的"市镇人口"则包含了市辖区、县级市、镇辖区及行政区内的全部城市人口。由此判断,2000 年后市镇人口数据统计口径更大,各地区城镇化率应更高于 1999 年及以前数据,而统计数据却大大减小,与统计口径的变化产生矛盾。因此,使用指数平滑法对该组数据中 1995—1999 年的数据进行修正。

（2）数据缺失

针对数据缺失问题,本书对缺失数据采用插值法(内插法和外推法)进行补充。

内插法公式为:

$$X_s = X_1 + \frac{S \times (X_2 - X_1)}{n}, s = 1, 2, \cdots, n; X_2 > X_1 \tag{7-1}$$

式中, X_s 为内插值; X_2, X_1 为与缺失值左右相邻的两个数值。

外推法公式为:

$$X_t = X_2 + \frac{X_2 - X_1}{n_2 - n_1} \tag{7-2}$$

式中, X_t 为外推值; X_2, X_1 为与缺失值左右相邻的两个数值。

通过插值法补全所有缺失数据,得到人地系统发展指标体系各项指标 1995—2017 年的面板数据。为更深层次地了解人地系统协调发展的影响因素和演化趋势。本书将各地区看作一个样本,建立包含样本、时间、指标 3 个维度的面板数据库。进而既可以从横向上使用截面数据对人地系统协调发展的空间差异水平进行横向观察,又能从纵向上使用时间序列数据对同一样本在不同时间段的人地系统协调发展趋势进行纵向分析。

1995—2017 年,云南资源型地区 23 年间 16 个指标数据观察值共 184 个,各指标统计描述见表 7.1。

表 7.1　1995—2017 年云南资源型地区人地系统测度指标数据的统计描述

指标	个数	平均值	标准差	最大值	最小值
工业废水排放量/万吨	184	1 708.35	1 545.59	8 581.00	3.03
工业废气排放量/亿立方米	184	3 157 158	5 085 971	30 067 000	1 444
工业固体废物产生量/万吨	184	366.91	549.95	3 260.63	2.59
工业固体废物综合利用率/%	184	43.46	29.018	100	0

续表

指标	个数	平均值	标准差	最大值	最小值
造林面积/千公顷	184	25.30	20.836	103.93	0.47
社会消费品零售总额/亿元	184	74.85	91.241	411.85	1.97
固定资产投资/亿元	184	191.99	337.99	2 533.75	1.19
人均 GDP/元	184	11 429	9 825	48 334	1 025
对外贸易进出口总额/亿美元	184	3.47	8.214	53.24	0.004
第三产业占 GDP 比重/%	184	38.713	7.540	58.3	24
城镇化率/%	184	27.05	9.29	46.86	7.56
城乡居民人均收入比	184	4.43	1.33	9.48	2.26
社保支出占 GDP 比重/%	184	3.03	3.61	33.11	0
教疗支出占 GDP 比重/%	184	7.85	3.46	17.11	0.44
千人床位数/张	184	3.22	1.14	6.51	1.02
中小学师生比	184	17.37	3.18	31.37	4.89

表 7.1 中,各指标有效观察个数 184 个。大部分指标的标准差大,各组数据分散程度度高,表明各地区人地系统发展状况存在着显著的异域性。

7.1.2　指标权重计算

根据第 6 章式(6-1)与式(6-2),计算 16 个指标在 8 个地区 23 年中所有数据的平均水平,基于各指标平均水平和其正、逆性质对指标进行标准化处理。根据式(6-3)计算各指标在子系统样本中的比重,根据式(6-4)、式(6-5)、式(6-6)计算指标的信息熵,得到各指标在子系统中的权重,见表 7.2。人地系统协调发展过程中,视各子系统同等重要。因此,各子系统权重均为 1/3。

表 7.2　云南资源型地区人地系统协调发展测度指标权重

子系统	基础指标	权重
自然子系统	工业废水排放量	0.117 3
	工业废气排放量	0.111 3
	工业固体废物产生量	0.102 9
	工业固体废物综合利用率	0.363 5
	造林面积	0.305 0
经济子系统	固定资产投资	0.208 3
	社会消费品零售总额	0.270 3
	人均 GDP	0.140 5
	对外贸易进出口总额	0.331 6
	第三产业占 GDP 比重	0.049 3
社会子系统	城镇化率	0.188 3
	城乡居民人均收入差距	0.119 8
	社保支出占 GDP 比重	0.279 5
	教疗支出占 GDP 比重	0.156 6
	千人床位数	0.106 6
	中小学师生比	0.149 2

7.2　子系统发展度测度与分析

为深入了解人地系统内各子系统的演化过程,观察各地区发展度的变化差异,依据云南资源型地区人地系统协调发展测度指标体系,结合各指标的权值,采用线性加权法计算各子系统的发展度。

7.2.1　自然子系统分析

按第 6 章式(6-1)与式(6-2)对楚雄、红河、文山、西双版纳、大理、德宏、怒江、迪庆 8 个地区 1995—2017 年自然子系统发展度指标进行标准化处理,结合权重计算结果,采用式(6-14)的线性加权模型测度自然子系统发展度,见表 7.3。

表 7.3　1995—2017 年云南资源型地区自然子系统发展度测度值

时间/年	地区								平均值
	楚雄	红河	文山	西双版纳	大理	德宏	怒江	迪庆	
1995	0.53	0.34	0.52	0.58	0.64	0.61	0.37	0.41	0.50
1996	0.52	0.46	0.55	0.64	0.68	0.65	0.38	0.54	0.55
1997	0.50	0.40	0.47	0.61	0.75	0.65	0.37	0.36	0.51
1998	0.59	0.46	0.44	0.56	0.44	0.66	0.37	0.37	0.49
1999	0.44	0.41	0.56	0.65	0.52	0.52	0.37	0.37	0.48
2000	0.66	0.41	0.50	0.64	0.64	0.42	0.41	0.43	0.51
2001	0.69	0.37	0.55	0.68	0.66	0.52	0.37	0.43	0.54
2002	0.65	0.38	0.58	0.70	0.60	0.53	0.37	0.45	0.53
2003	0.66	0.48	0.59	0.73	0.56	0.64	0.47	0.42	0.57
2004	0.63	0.38	0.62	0.68	0.54	0.48	0.40	0.47	0.53
2005	0.50	0.36	0.63	0.72	0.57	0.53	0.37	0.48	0.52
2006	0.46	0.28	0.53	0.68	0.51	0.51	0.48	0.40	0.48
2007	0.59	0.39	0.53	0.68	0.63	0.53	0.41	0.39	0.52
2008	0.66	0.47	0.53	0.59	0.64	0.54	0.41	0.57	0.55
2009	0.69	0.53	0.51	0.56	0.77	0.66	0.42	0.63	0.60
2010	0.68	0.52	0.59	0.54	0.74	0.65	0.40	0.57	0.58
2011	0.55	0.37	0.56	0.43	0.65	0.63	0.38	0.41	0.50
2012	0.59	0.37	0.63	0.44	0.61	0.64	0.43	0.42	0.52
2013	0.58	0.39	0.52	0.45	0.57	0.62	0.41	0.43	0.50
2014	0.55	0.38	0.50	0.45	0.58	0.58	0.44	0.42	0.49

续表

时间 /年	地区								平均值
	楚雄	红河	文山	西双版纳	大理	德宏	怒江	迪庆	
2015	0.49	0.38	0.44	0.46	0.59	0.56	0.42	0.49	0.48
2016	0.49	0.53	0.47	0.53	0.65	0.58	0.40	0.52	0.52
2017	0.61	0.54	0.37	0.68	0.45	0.53	0.42	0.58	0.52

分析表 7.3 可以得出以下结论。

（1）自然子系统发展趋势不稳定

根据表 7.3,绘制自然子系统发展趋势图,如图 7.1 所示。8 个地区自然子系统发展度起伏不定,平均测度值在 0.46~0.6 上下波动。

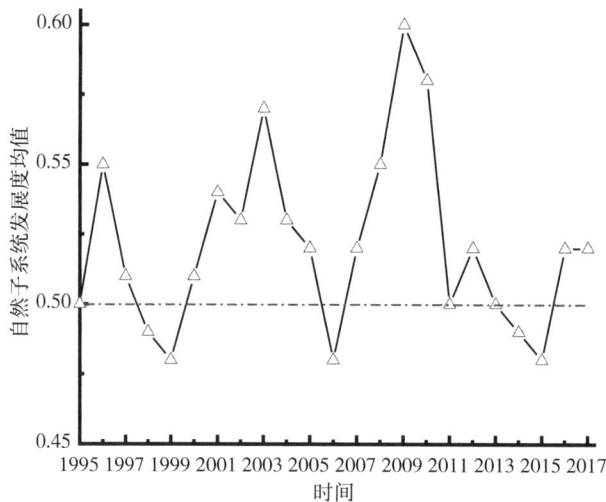

图 7.1　1995—2017 年云南资源型地区自然子系统发展趋势

由于长期以来,资源开发及输出一直是西南经济开发的主流,云南工、矿业开发,以及农业垦殖速度加快,但节能减排、环境保护的意识淡薄,大部分地区废物综合利用能力较弱。2000 年前,楚雄、红河、文山、西双版纳、大理、德宏、怒江、迪庆 8 个地州固体废物综合利用率平均值仅为 30%。粗放式生产方式致使这 8 个地区的生态环境受到了较大冲击与破坏,生态可持续发展受到巨大挑战。

2007 年,党的十七大提出了生态文明建设目标,云南各级政府积极贯彻党
的十七大精神,并明确了云南生态文明建设的目标与任务。同年,云南启动并
实施了以"七彩云南,我的家园"为主题,以环境治理、生态保护、环境法治、环境
阳光、绿色传播、绿色创建、节能减排为主要内容的"七彩云南保护行动"。2009
年,云南出台建设"森林云南"的决定,不断推进退耕还林工作,并颁布了《七彩
云南生态文明建设规划纲要(2009—2020 年)》,从意识、行为、制度多角度推进
云南生态文明建设。在这一系列方针政策的指引下,云南大部分地区森林的管
护和培育得到加强,废物利用率持续增长。2007 年,楚雄、西双版纳、德宏固体
废物综合利用率达到 60% 左右。但随着工业生产的发展,各地区三废排放量逐
年递增。虽然 2017 年这 8 个地区自然子系统发展度较 1995 年无明显变化,但
随着工业化发展对资源需求量的增加,今后资源环境的压力依然较大。

（2）各地区自然环境发展不平衡

根据 8 个地区 1995—2017 年自然子系统发展度平均值,由高到低依次排
序,如图 7.2 所示。大理位列第一,其自然子系统发展度平均值为 0.61,排最后
一位的怒江平均值为 0.40,两者相差 0.21。各地区环境发展状态不平衡。

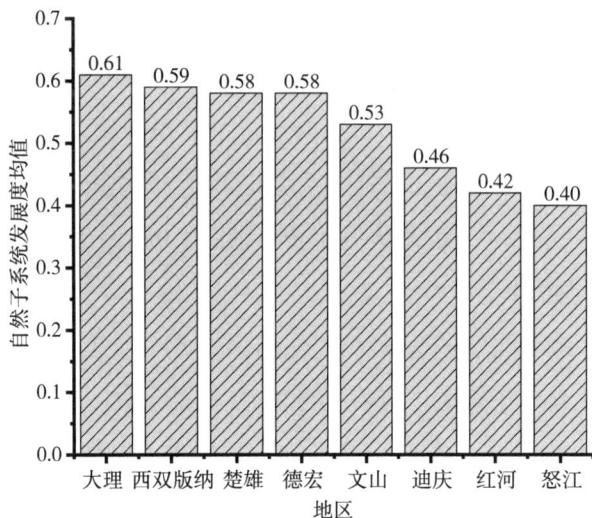

图 7.2　云南资源型地区 1995—2017 年自然子系统平均发展度差异比较

变异系数 C_v 可反映观测数据的离散程度。$C_v = \sigma/\mu$,σ 为标准差,μ 为平均值。计算各地区自然子系统发展度 1995—2017 年的变异系数,并绘于图 7.3 中。从相对变异系数来看,各地区自然子系统发展度差异逐渐缩小。

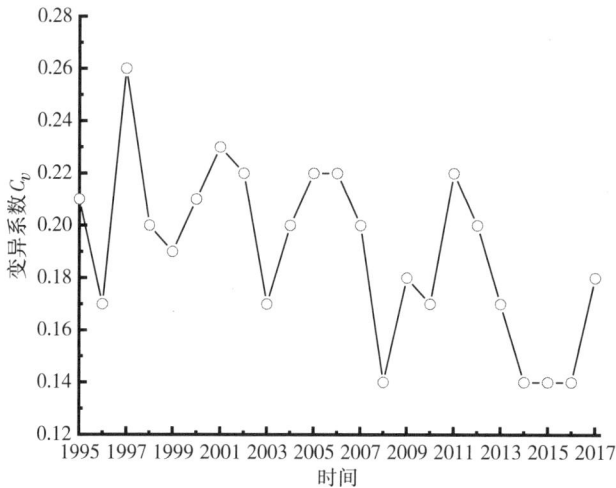

图 7.3 1995—2017 年云南资源型地区自然子系统发展度相对差异趋势

各地区自然子系统发展度变化趋势如图 7.4 所示。从整体来看,1995—2017 年楚雄、红河、文山、西双版纳、大理、德宏、怒江、迪庆 8 个地州自然子系统发展度变化幅度不大,主要集中在 0.3 ~ 0.6。从发展趋势上来看,大致可分为上升和下降两种类型。

楚雄、红河、西双版纳、怒江、迪庆自然子系统发展度呈良好发展趋势。其中,楚雄、红河、西双版纳、迪庆自然子系统发展度受其各年度造林面积的影响,在发展过程中波动相对较大,最大值和最小值相差 0.25。怒江变化趋势较为平缓,综合测度值在 0.4 上下浮动。

文山、大理、德宏自然子系统发展度呈下滑趋势。尤其文山、大理下滑幅度较大。由近年来自然子系统指标数据可知,文山、大理工业废气排放量及工业固体废物产生量均呈上升趋势,且文山固体废物综合利用率自 2007 年后不断下降。

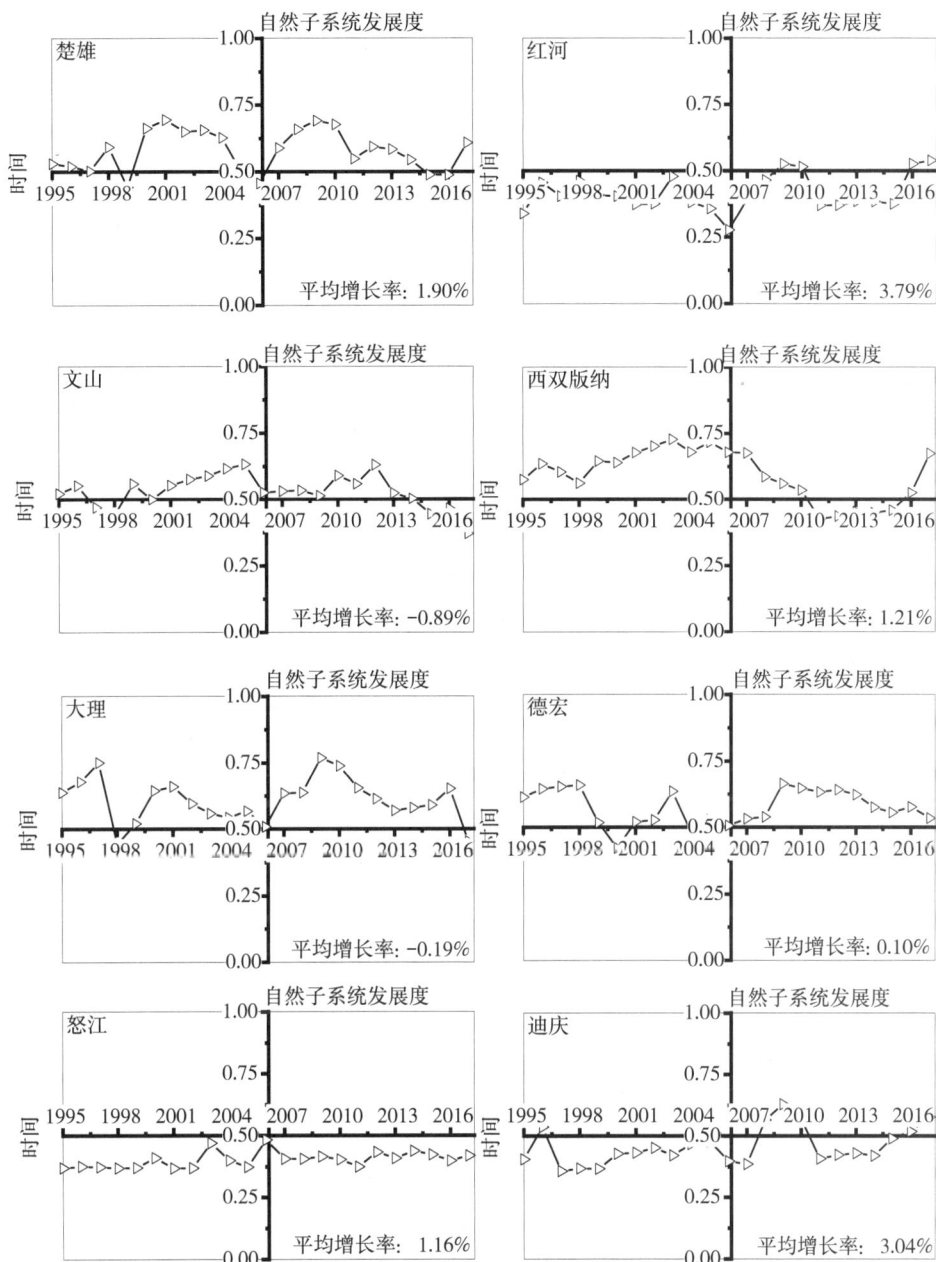

图 7.4　1995—2017 年云南资源型地区自然子系统发展度演化历程曲线

7.2.2 经济子系统分析

根据第 6 章式(6-1)与式(6-2)对楚雄、红河、文山、西双版纳、大理、德宏、怒江、迪庆 1995—2017 年经济子系统发展度指标标准化处理，结合权重计算结果，采用式(6-14)测度经济子系统发展度，见表 7.4。

表 7.4　1995—2017 年云南资源型地区经济子系统发展度测度值

时间/年	地区								平均值
	楚雄	红河	文山	西双版纳	大理	德宏	怒江	迪庆	
1995	0.09	0.16	0.05	0.22	0.09	0.30	0.03	0.04	0.12
1996	0.08	0.16	0.06	0.22	0.11	0.30	0.04	0.05	0.13
1997	0.08	0.19	0.08	0.19	0.11	0.27	0.04	0.06	0.13
1998	0.09	0.18	0.09	0.15	0.12	0.25	0.04	0.08	0.13
1999	0.10	0.21	0.10	0.21	0.13	0.27	0.05	0.09	0.14
2000	0.10	0.22	0.12	0.24	0.14	0.28	0.06	0.10	0.16
2001	0.11	0.22	0.13	0.22	0.16	0.28	0.08	0.09	0.16
2002	0.12	0.23	0.15	0.22	0.17	0.29	0.08	0.10	0.17
2003	0.14	0.24	0.15	0.26	0.19	0.29	0.17	0.12	0.19
2004	0.19	0.28	0.17	0.27	0.21	0.30	0.10	0.14	0.21
2005	0.21	0.33	0.21	0.25	0.24	0.33	0.13	0.15	0.23
2006	0.24	0.40	0.25	0.27	0.28	0.33	0.10	0.17	0.26
2007	0.29	0.46	0.32	0.29	0.32	0.36	0.14	0.19	0.30
2008	0.32	0.42	0.35	0.34	0.36	0.40	0.15	0.22	0.32
2009	0.38	0.44	0.38	0.38	0.40	0.43	0.17	0.25	0.35
2010	0.40	0.46	0.39	0.43	0.42	0.49	0.21	0.29	0.38
2011	0.42	0.47	0.41	0.49	0.43	0.50	0.22	0.30	0.40
2012	0.44	0.57	0.43	0.52	0.45	0.54	0.24	0.34	0.44

续表

时间/年	地区								平均值
	楚雄	红河	文山	西双版纳	大理	德宏	怒江	迪庆	
2013	0.47	0.53	0.46	0.51	0.47	0.55	0.28	0.37	0.45
2014	0.51	0.58	0.46	0.60	0.50	0.70	0.30	0.40	0.50
2015	0.54	0.64	0.50	0.58	0.51	0.69	0.29	0.41	0.52
2016	0.58	0.73	0.56	0.59	0.53	0.67	0.31	0.43	0.55
2017	0.61	0.79	0.57	0.61	0.55	0.67	0.34	0.45	0.57

分析表 7.4 中的经济子系统发展度测度值,可以得出以下结论。

（1）经济子系统发展总体趋势持续上升

根据表 7.4 的数据绘制经济子系统发展趋势(图 7.5)。由图 7.5 可知,经济子系统发展度持续上升,平均增长率约为 7%。1995—2000 年,经济子系统发展度增长较缓,1997 年、1998 年甚至出现略微下降趋势,2001 年后,发展速度明显加快。

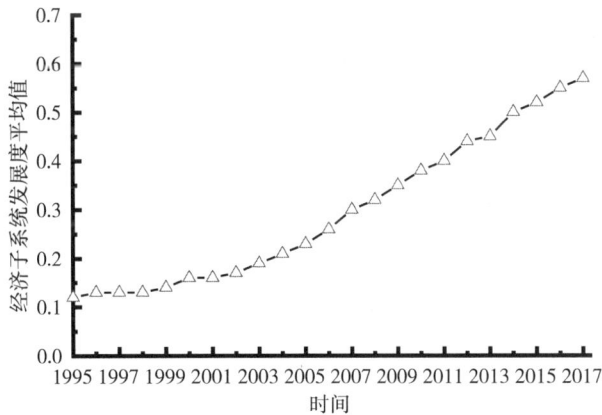

图 7.5　1995—2017 年云南资源型地区经济子系统发展度变化趋势

对外贸易进出口总额在经济子系统指标中权重值较高,因此对发展度影响较大。对 1995—1998 年经济子系统测度指标数据观察显示,各地进出口贸易总额减少,其他各项指标发展较慢,因此经济子系统发展度测度值降低。1999

年1月,《对外贸易经济合作部、海关总署关于进一步发展边境贸易的补充规定的通知》正式执行,进一步促进了云南等边境地区进出口贸易的发展,同时对带动云南经济建设也起到了积极的作用。从1999年开始,楚雄、红河、文山、西双版纳、大理、德宏、怒江、迪庆经济子系统总体发展度测度值呈平缓上升趋势。西部大开发战略的实施及桥头堡建设的推进更加快了云南经济发展的速度。2017年,上述地区社会消费品零售总额、固定资产投资额、人均GDP比2007年分别增长了15.77%、73.6%、13.37%。第三产业占GDP比重由1995年的29.6上升到2017年的47.14,表明各地区经济结构正在发生重大变化。如图7.5所示,自2007年各地区经济子系统发展度增长速度进一步加快,经济子系统发展度测度值平均增长率也由1996—2006年的0.69提高到0.77。

（2）地区经济子系统发展不平衡

根据各地区1995—2017年经济子系统发展度平均值,由高到低依次排序,如图7.6所示。德宏位列第一,其经济子系统发展度平均值为0.41,排最后一位的怒江平均值为0.15,两者之间相差0.26。各地区之间经济子系统发展度仍存差异。

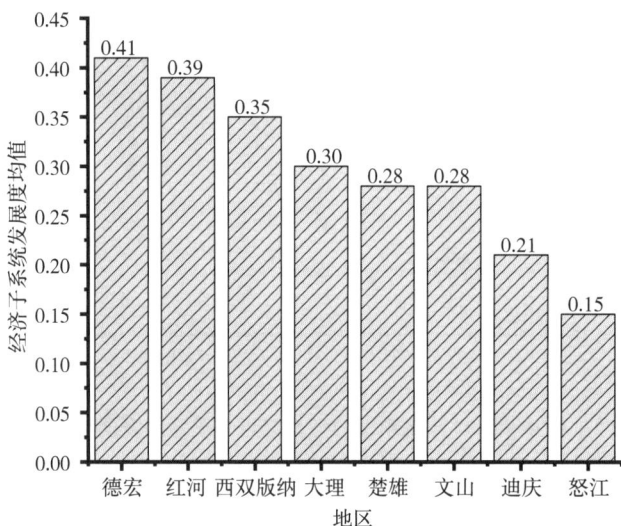

图7.6 云南资源型地区1995—2017年经济子系统平均发展度差异比较

按照楚雄、红河、文山、西双版纳、大理、德宏、怒江、迪庆经济发展度测度的分布情况,可将各地区经济发展度划分为 3 个等级:经济发展度测度平均值在 0.15~0.25 的地区,经济发展水平较差,这类地区有怒江、迪庆;经济发展度测度平均值在 0.25~0.35 的地区,经济发展水平一般,这类地区有楚雄、文山、大理;经济发展度测度平均值在 0.35~0.45 的地区,经济发展水平较高,这类地区有红河、西双版纳、德宏。分析结果发现,经济子系统发展度测度值较低的怒江、迪庆都位于云南西北部,而红河、西双版纳、德宏等经济子系统发展度测度值较高的地区均为边境贸易较为繁荣的西南地区。各地区经济发展区域特征较为明显。

楚雄、红河、文山、西双版纳、大理、德宏、怒江、迪庆经济子系统发展度 1995—2017 年的差异变化趋势,如图 7.7 所示。2017 年变异系数 C_v 从 1995 年的 0.72 降至 0.22。表明各地区之间经济子系统发展度地区差异逐渐在减小。

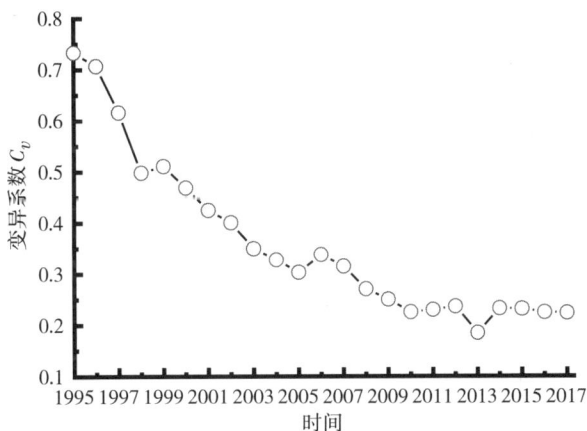

图 7.7　1995—2017 年云南资源型地区经济子系统发展度相对差异趋势

各地区经济子系统发展度变化趋势如图 7.8 所示。整体来看,1995—2017 年,云南各地区经济子系统发展度均呈现不同程度的上升趋势。其中,文山、怒江、迪庆经济子系统发展度增长较快,发展度平均增长率均达到 10%。但由于怒江、迪庆经济子系统发展度起点较低,两地测度值始终居于末位。而测度值较高的红河、德宏两地在发展过程中,每年测度值也基本位于 8

个地区的前列。

观测 1995—2017 年楚雄、红河、文山、西双版纳、大理、德宏、怒江、迪庆经济子系统指标数据可知,红河是 8 个地区中经济发展规模最大的地区。2017年,红河社会消费品零售总额和固定资产投资额分别为 411.85 亿元和 2 533.75亿元,分别是怒江的 11.27 倍和 16.71 倍。德宏因其优越的区位优势和资源条件,对外开放水平始终居于首位。2017 年,德宏进出口贸易总额为 42.15 亿美元,而怒江、迪庆仅分别为 0.09 亿美元和 0.04 亿美元。因此,经济发展规模指数及对外贸易值对云南资源型地区经济子系统发展度影响较大。

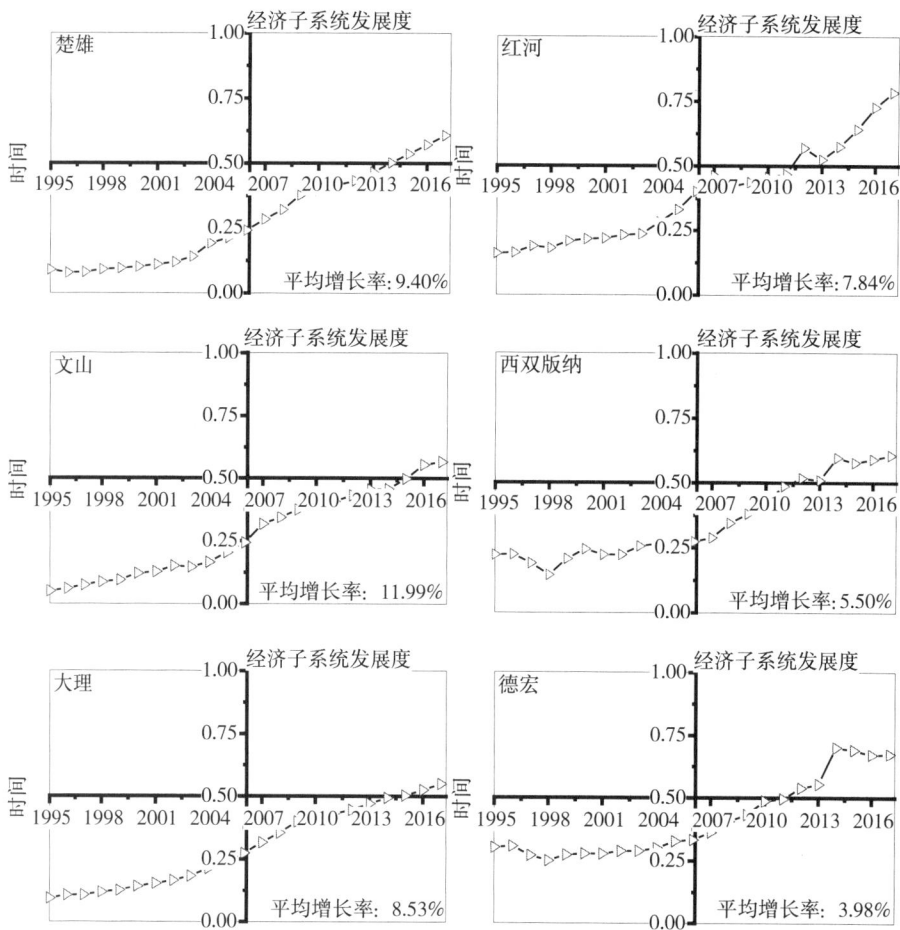

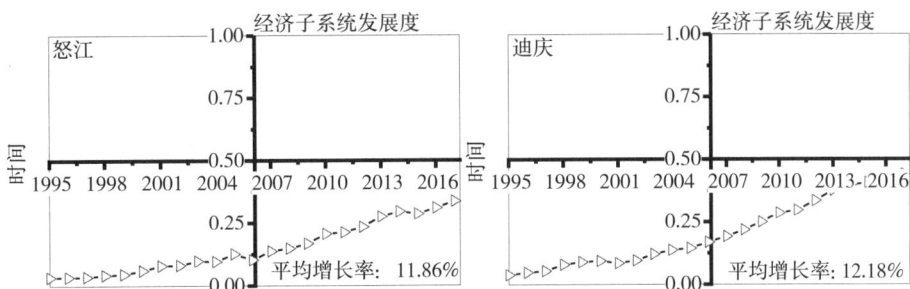

图 7.8　1995—2017 年云南资源型地区经济子系统发展度演化历程曲线

7.2.3　社会子系统分析

按第 6 章式(6-1)与式(6-2)对楚雄、红河、文山、西双版纳、大理、德宏、怒江、迪庆 1995—2017 年社会子系统发展度指标标准化处理,结合权重计算结果,采用式(6-14)测度社会子系统发展度,见表 7.5。

表 7.5　1995—2017 年云南资源型地区社会子系统发展度测度值

时间 /年	地区								平均值
	楚雄	红河	文山	西双版纳	大理	德宏	怒江	迪庆	
1995	0.33	0.28	0.04	0.32	0.19	0.27	0.28	0.26	0.25
1996	0.31	0.27	0.05	0.31	0.23	0.26	0.29	0.32	0.25
1997	0.31	0.28	0.07	0.31	0.24	0.27	0.30	0.31	0.26
1998	0.28	0.32	0.10	0.32	0.24	0.27	0.30	0.31	0.27
1999	0.30	0.31	0.12	0.34	0.21	0.29	0.31	0.32	0.27
2000	0.39	0.31	0.18	0.39	0.25	0.26	0.34	0.29	0.30
2001	0.45	0.32	0.21	0.40	0.28	0.30	0.38	0.34	0.34
2002	0.44	0.32	0.24	0.41	0.31	0.33	0.40	0.36	0.35
2003	0.47	0.33	0.32	0.48	0.41	0.33	0.39	0.31	0.38
2004	0.33	0.37	0.24	0.48	0.29	0.35	0.36	0.45	0.36
2005	0.35	0.35	0.24	0.38	0.31	0.36	0.32	0.30	0.33
2006	0.35	0.36	0.39	0.39	0.32	0.37	0.30	0.31	0.35
2007	0.48	0.50	0.42	0.54	0.43	0.53	0.46	0.46	0.48

续表

时间/年	地区								平均值
	楚雄	红河	文山	西双版纳	大理	德宏	怒江	迪庆	
2008	0.52	0.53	0.44	0.57	0.48	0.56	0.52	0.48	0.51
2009	0.55	0.57	0.49	0.60	0.51	0.59	0.55	0.50	0.55
2010	0.56	0.58	0.53	0.60	0.53	0.59	0.57	0.52	0.56
2011	0.59	0.59	0.56	0.66	0.56	0.66	0.57	0.57	0.59
2012	0.62	0.63	0.60	0.66	0.62	0.66	0.60	0.56	0.62
2013	0.64	0.65	0.60	0.67	0.63	0.69	0.62	0.43	0.62
2014	0.63	0.67	0.65	0.70	0.61	0.80	0.58	0.61	0.66
2015	0.68	0.70	0.67	0.71	0.64	0.71	0.59	0.61	0.66
2016	0.71	0.72	0.69	0.74	0.69	0.74	0.60	0.64	0.69
2017	0.72	0.74	0.71	0.76	0.72	0.77	0.61	0.64	0.71

分析表7.5可得出以下结论。

（1）社会子系统总体发展持续上升趋势

根据表7.5的数据绘制社会子系统发展度趋势，如图7.9所示。由图7.9可知，除2005年和2006年社会发展度值较低外，其他年份均呈平缓上升趋势。发展速度较经济子系统慢，平均增长率约为5%。

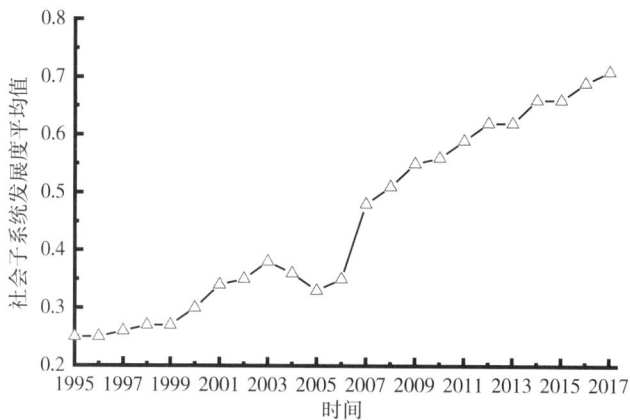

图7.9　1995—2017年云南资源型地区社会子系统发展度趋势

从城镇化率指标演化可知,1995—2017 年,楚雄、红河、文山、西双版纳、大理、德宏、怒江、迪庆城镇化稳步发展,平均增长率约为 5%,与全省城镇化速率基本保持一致。1997 年、1999 年云南省对户籍管理办法进行了多次完善,放宽了农村居民落户城镇户口的准许条件,让更多居民能够在城镇定居,并享受城镇化发展的福利。在快速增长的经济形势的带动下,居民生活水平不断改善,城乡居民收入均不断提高。8 个地区农村居民人均纯收入从 1995 年的 770.75 元增至 2017 年的 9 407.88 元,名义增长率为 11.21%。2017 年,楚雄、红河、西双版纳、大理等地农村居民人均纯收入均突破万元。上述地区在社会保障方面工作起步较晚,社会保障体系较弱,各地政府在社会保障方面的财政支出较不稳定。比如,2005 年与 2006 年各地区社会保障及就业支出占 GDP 比重普遍降低,因而社会子系统发展度值较低。

（2）社会子系统发展差异小

根据各地区 1995—2017 年社会子系统发展度平均值,由高到低依次排序,如图 7.10 所示。西双版纳位列第一,其社会子系统发展度平均值为 0.51,排最

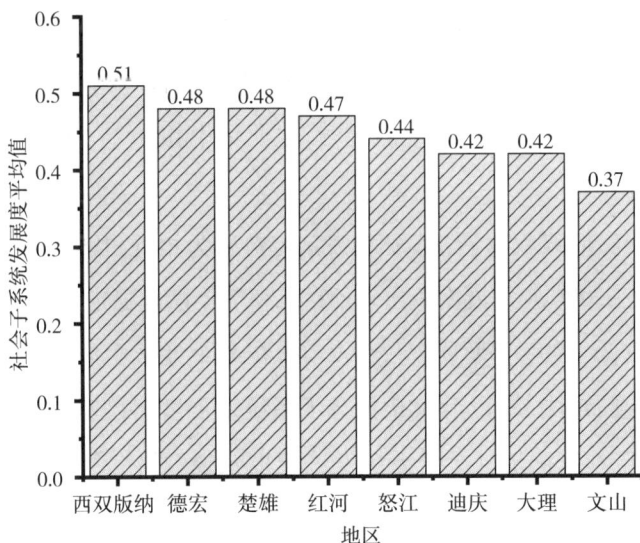

图 7.10　云南资源型地区 1995—2017 年社会子系统平均发展度差异比较

后一位的文山平均值为 0.37,两者之间相差 0.14,最大值与最小值之间差距较
经济子系统发展度值小。大部分地区社会子系统发展度值介于 0.4 ~ 0.5。

楚雄、红河、文山、西双版纳、大理、德宏、怒江、迪庆社会子系统发展度
1995—2017 年的差异变化趋势,如图 7.11 所示。1995—2017 年平均离差系数
为 0.15,最大值为 0.34,最小值为 0.05。这表明各地区之间社会子系统发展度
地区差异较小。

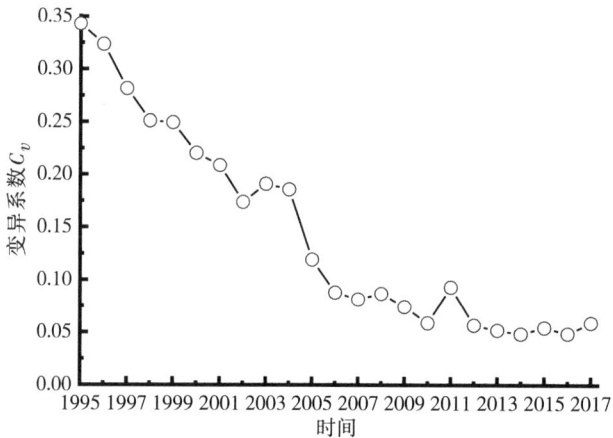

图 7.11　1995—2017 年云南资源型地区社会子系统发展度相对差异趋势

各地区社会子系统发展度变化趋势如图 7.12 所示。整体来看,各地区社
会子系统发展度值均有不同程度的上升,主要集中在 0.25—0.75,各地区在发
展速度上略有差异。

楚雄、红河、西双版纳、大理、德宏发展趋势较为相近,1995—2006 年发展速
度较缓,2004—2006 年发展度值出现回落,2007 年恢复稳定发展。文山社会发
展水平起点较低,1995 年发展度仅为 0.04,在 8 个地区中居于末位,但发展速
度相比其他地区较快,2017 年文山社会子系统发展度值已基本与楚雄、大理等
地持平。怒江、迪庆两地社会子系统发展速度较慢,总体发展水平略低于其他
地区。

楚雄 社会子系统发展度

平均增长率: 4.44%

红河 社会子系统发展度

平均增长率: 4.85%

文山 社会子系统发展度

平均增长率: 14.68%

西双版纳 社会子系统发展度

平均增长率: 4.38%

大理 社会子系统发展度

平均增长率: 6.85%

德宏 社会子系统发展度

平均增长率: 5.58%

怒江 社会子系统发展度

平均增长率: 4.45%

迪庆 社会子系统发展度

平均增长率: 4.80%

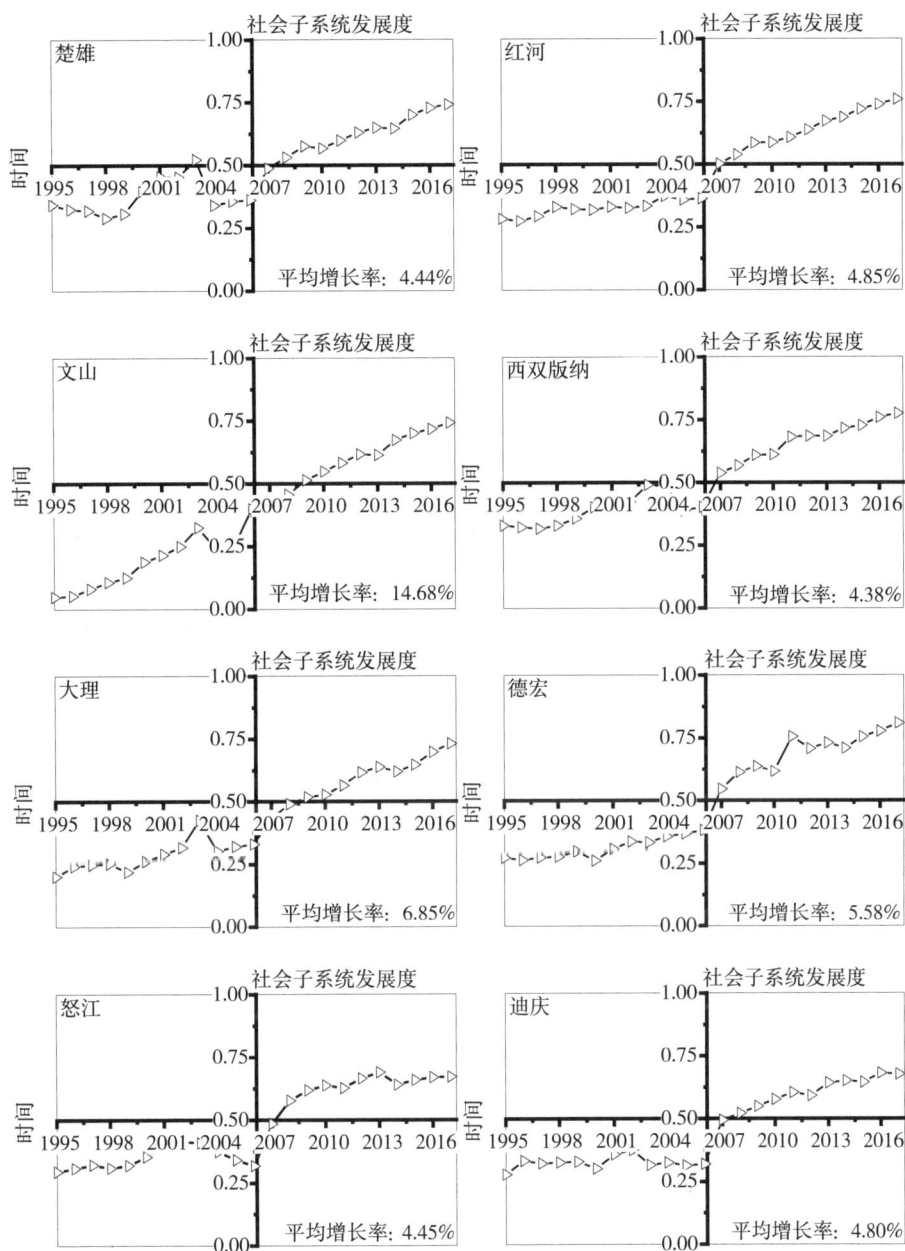

图 7.12 1995—2017 年云南资源型地区社会子系统发展度演化历程曲线

7.3 协调度测度与分析

依据 7.2 中计算的楚雄、红河、文山、西双版纳、大理、德宏、怒江、迪庆 8 个地区自然、经济、社会子系统发展度测度值（表 7.3—表 7.5），采用式（6-15）对人地系统协调度进行测度，以定量描述各地区在不同发展阶段自然、经济、社会 3 个子系统之间的耦合程度，判断三者之间是否处于和谐状态。

7.3.1 协调度测度

为增加协调度的区分度，本书协调度模型中协调系数 K 值取 6。各地区协调度 C 计算结果见表 7.6。

表 7.6　1995—2017 年云南资源型地区人地系统协调度

时间 /年	地区								平均值
	楚雄	红河	文山	西双版纳	大理	德宏	怒江	迪庆	
1995	0.35	0.78	0.00	0.60	0.12	0.62	0.27	0.24	0.37
1996	0.31	0.59	0.01	0.52	0.16	0.57	0.27	0.22	0.33
1997	0.33	0.75	0.04	0.48	0.13	0.52	0.29	0.37	0.37
1998	0.25	0.67	0.11	0.45	0.45	0.48	0.32	0.46	0.40
1999	0.44	0.81	0.08	0.51	0.31	0.75	0.33	0.50	0.47
2000	0.31	0.83	0.28	0.63	0.28	0.86	0.36	0.43	0.50
2001	0.34	0.87	0.28	0.56	0.32	0.76	0.45	0.43	0.50
2002	0.39	0.89	0.35	0.54	0.45	0.80	0.46	0.45	0.54
2003	0.44	0.77	0.42	0.61	0.61	0.65	0.65	0.55	0.59
2004	0.49	0.95	0.33	0.67	0.61	0.88	0.50	0.56	0.62
2005	0.71	1.00	0.39	0.55	0.65	0.86	0.63	0.54	0.67
2006	0.83	0.93	0.76	0.64	0.80	0.90	0.39	0.73	0.75
2007	0.79	0.97	0.88	0.73	0.78	0.92	0.57	0.73	0.80
2008	0.79	0.97	0.91	0.86	0.85	0.95	0.57	0.69	0.82

续表

时间 /年	地区								平均值
	楚雄	红河	文山	西双版纳	大理	德宏	怒江	迪庆	
2009	0.84	0.97	0.95	0.90	0.79	0.91	0.60	0.70	0.83
2010	0.87	0.97	0.92	0.94	0.84	0.96	0.67	0.81	0.87
2011	0.95	0.90	0.95	0.90	0.92	0.96	0.67	0.83	0.89
2012	0.94	0.88	0.93	0.91	0.94	0.98	0.70	0.89	0.90
2013	0.96	0.88	0.97	0.92	0.96	0.98	0.75	0.99	0.93
2014	0.98	0.87	0.94	0.91	0.98	0.95	0.83	0.91	0.92
2015	0.95	0.84	0.91	0.91	0.98	0.97	0.80	0.94	0.91
2016	0.94	0.94	0.93	0.94	0.97	0.97	0.82	0.94	0.93
2017	0.99	0.93	0.82	0.98	0.90	0.94	0.85	0.95	0.92

7.3.2　协调度分析

根据前文协调度测度结果,对楚雄、红河、文山、西双版纳、大理、德宏、怒江、迪庆 8 个地区人地系统协调度总体情况及区域差别进行分析。

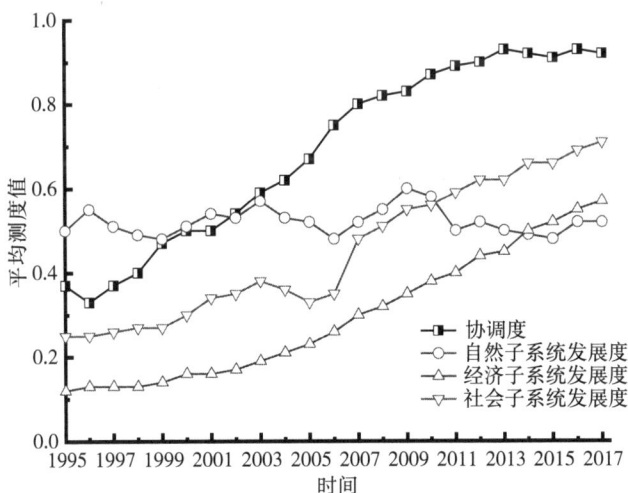

图 7.13　1995—2017 年云南资源型地区人地系统协调度演化趋势

（1）云南资源依赖型地区人地系统总体协调度分析

如图 7.13 所示，1995—2017 年楚雄、红河、文山、西双版纳、大理、德宏、怒江、迪庆等地区人地系统协调度逐渐朝着有序的方向演化。1995—2003 年，上述 8 个地区自然子系统发展度总体变化较小，人地系统协调度值主要受经济和社会子系统的影响，随着各地区社会、经济的发展不断得到优化。2004—2008 年自然子系统和社会子系统发展度虽然出现回落再增长的波动，但这一时期经济子系统发展速度加快，协调度依然呈现较好的增长趋势。2009—2017 年，8 个地区经济、社会子系统发展度持续增长，但自然子系统发展度从 2010 年开始呈逐渐下降趋势，因而在此期间协调度增长速度减慢，2015 年、2017 年甚至出现下滑波动。

（2）楚雄人地系统协调度分析

1995—2010 年，楚雄人地系统协调度波动较大，之后趋于平稳，总体呈上升趋势。1998 年与 2000 年协调度值出现较大回落，这是由于自然子系统发展较快，而经济、社会子系统发展较慢，偏离自然子系统发展度值较大，致使人地系统协调度值变小。1995—2010 年，楚雄经济、社会子系统发展值低于自然子系统，当自然子系统发展度值下降，经济、社会子系统发展度上升，3 个子系统发展度之间离差减小时，协调度呈上升趋势。2011—2017 年，经济、社会子系统持续发展，自然子系统发展度值呈下降趋势，人地系统协调度不再大幅增长，2015—2016 年自然子系统发展度低于经济、社会子系统，人地系统协调度再次回落，如图 7.14 所示。

（3）红河人地系统协调度分析

1995—2010 年，红河人地系统协调度值始终居于首位。2011 年后，随着社会、经济的发展，自然子系统发展度滞后于经济子系统及社会子系统发展度，3 个子系统间综合测度值离差随自然子系统发展度的下跌不断增大，人地系统协调度随自然子系统发展度的变化上下波动，如图 7.15 所示。

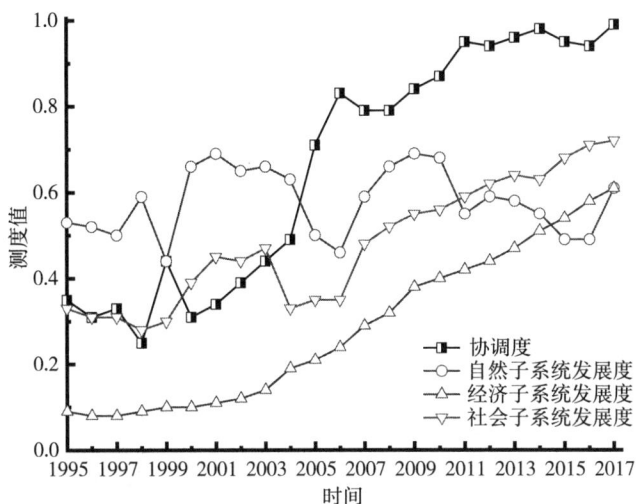

图 7.14　1995—2017 年楚雄人地系统协调度演化趋势

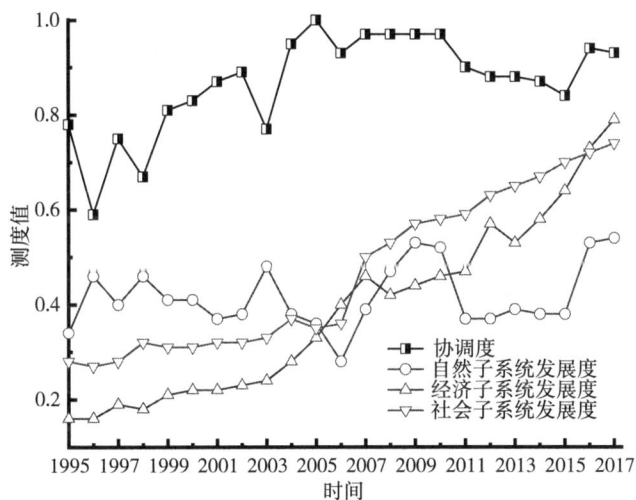

图 7.15　1995—2017 年红河人地系统协调度演化趋势

（4）文山人地系统协调度分析

　　1995—2012 年,文山自然子系统发展度值相对稳定,人地系统协调度值随社会、经济的发展逐渐增大,2007—2013 年趋于稳定。2014 年后,经济、社会子系统发展度继续保持增长势头,而自然子系统发展度逐年降低,人地系统由经济、社会滞后型发展转化到自然环境滞后型发展状态,人地系统协调度值随着自然子系统发展度的下滑呈下降趋势,如图 7.16 所示。

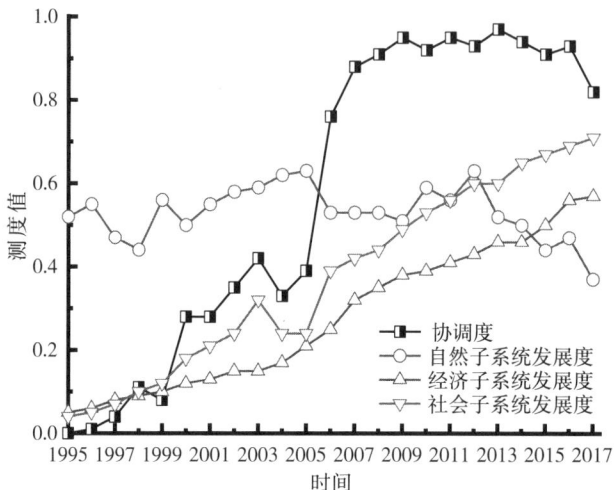

图 7.16 1995—2017 年文山人地系统协调度演化趋势

（5）西双版纳人地系统协调度分析

1995—2006 年,西双版纳自然、经济、社会 3 个子系统发展较为平缓,人地系统协调度值在 0.5~0.7 不断波动,总体较为平稳。2006—2010 年人地系统协调度呈上升趋势,主要是这一时期西双版纳自然子系统发展度下降,而经济、社会子系统发展依然较为平缓,3 个子系统之间综合测度值离差减小所致。2011—2015 年,3 个子系统发展度变化平稳,人地系统协调度无明显变化。2016 年,随着自然子系统发展度的上升,人地系统协调度略有上升趋势,如图 7.17 所示。

（6）大理人地系统协调度分析

大理经济、社会子系统发展度较自然子系统平稳,人地系统协调度值随 3 个子系统间差异的增大,与自然子系统发展度的变化朝反方向波动,如图 7.18 所示。

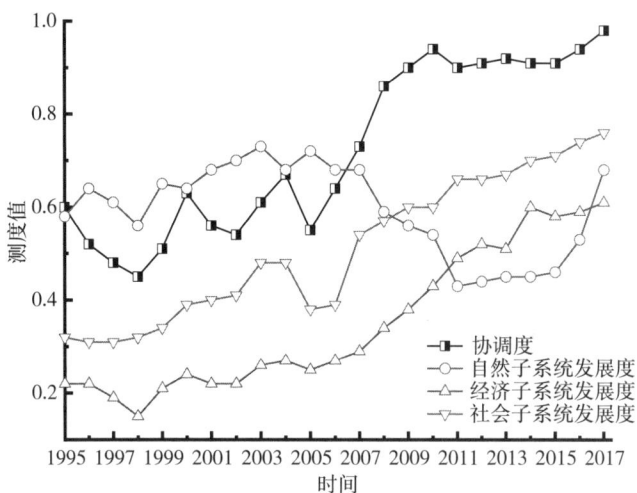

图 7.17　1995—2017 年西双版纳人地系统协调度演化趋势

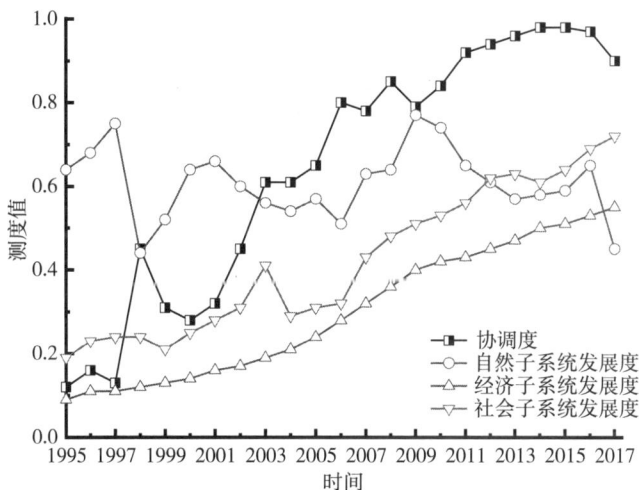

图 7.18　1995—2017 年大理人地系统协调度演化趋势

（7）德宏人地系统协调度分析

1995—2006 年,经济与社会子系统发展度及趋势较为接近,发展速度均较缓慢,且始终低于自然子系统发展度,人地系统协调度随自然子系统发展度的下降而增长。2007 年,经济、社会子系统发展速度加快,而自然子系统发展度自 2009 年后呈下降趋势,人地系统协调度较为平稳。2014 年后,自然子系统发展度不断倒退,3 个子系统之间发展度值离差不断增大,人地系统协调度呈下降趋势,如图 7.19 所示。

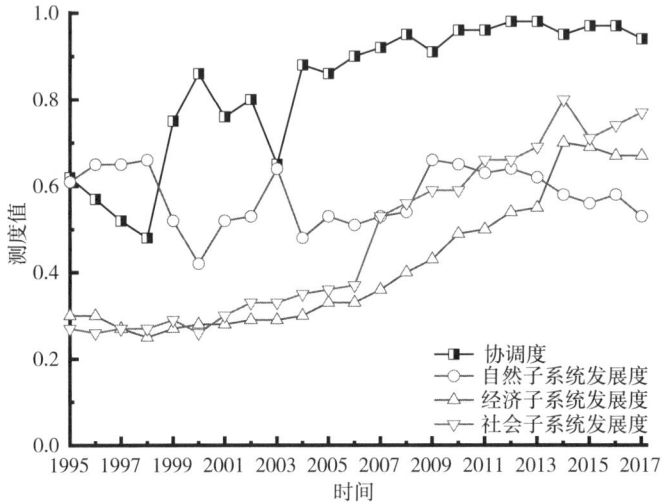

图 7.19　1995—2017 年德宏人地系统协调度演化趋势

（8）怒江人地系统协调度分析

自然子系统发展度较为平稳,但经济子系统发展度滞后,人地系统协调度随经济子系统发展度的提高逐渐上升,如图 7.20 所示。

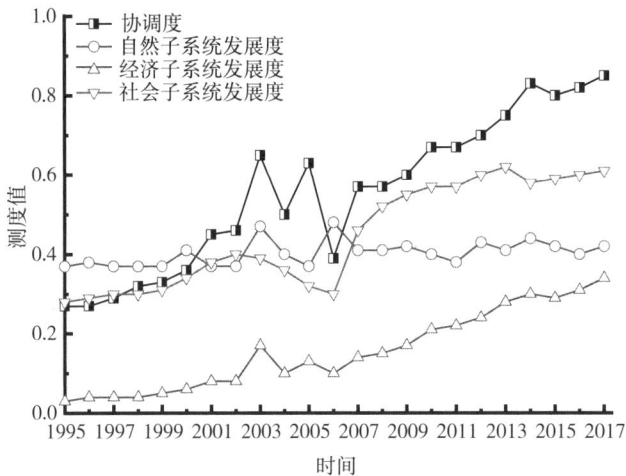

图 7.20　1995—2017 年怒江人地系统协调度演化趋势

（9）迪庆人地系统协调度分析

自然、社会发展水平波动较大,但总体变化幅度较小,经济子系统发展度一直滞后于自然、社会子系统发展度,人地系统协调度随子系统发展度的上升逐渐增大,如图 7.21 所示。

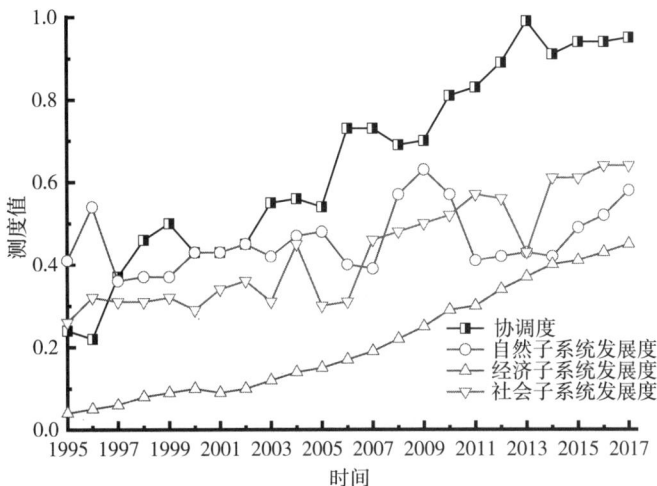

图 7.21　1995—2017 年迪庆人地系统协调度演化趋势

7.4　协调发展度测度与分析

在上一节用协调度描述了自然、经济、社会 3 个子系统间的协同发展与相互作用,本节将用协调发展度模型进一步分析人地系统协调发展度。

7.4.1　协调发展度测度

根据第 6 章中构建的协调发展度模型,运用式(6-16)与式(6-17)计算楚雄、红河、文山、西双版纳、大理、德宏、怒江、迪庆 8 个地区人地系统协调发展度。由于自然、经济、社会 3 个子系统对区域人地系统的协调发展同等重要,本书将式(6-16)中分别表示自然、经济、社会子系统发展度的 3 个函数 $f(x)$、

$g(x)$、$h(x)$ 的待定权数 α、β、γ 的值均取作 1/3，表示自然、经济、社会 3 个子系统同等重要。1995—2017 年云南资源型地区人地系统协调发展度差异见表 7.7。

表 7.7　1995—2017 年云南资源型地区人地系统协调发展度差异

时间 /年	地区								平均值
	楚雄	红河	文山	西双版纳	大理	德宏	怒江	迪庆	
1995	0.34	0.45	0.03	0.48	0.20	0.50	0.25	0.25	0.31
1996	0.32	0.42	0.04	0.46	0.24	0.48	0.26	0.27	0.31
1997	0.32	0.47	0.10	0.43	0.22	0.46	0.27	0.30	0.32
1998	0.29	0.47	0.16	0.40	0.35	0.44	0.28	0.34	0.34
1999	0.35	0.50	0.15	0.46	0.31	0.52	0.28	0.36	0.37
2000	0.35	0.51	0.28	0.52	0.32	0.52	0.32	0.35	0.40
2001	0.38	0.52	0.29	0.50	0.35	0.53	0.35	0.35	0.41
2002	0.40	0.53	0.34	0.50	0.40	0.56	0.35	0.37	0.43
2003	0.45	0.52	0.39	0.55	0.49	0.53	0.38	0.40	0.46
2004	0.44	0.57	0.34	0.57	0.47	0.58	0.38	0.41	0.47
2005	0.51	0.59	0.38	0.50	0.50	0.60	0.42	0.41	0.49
2006	0.54	0.57	0.55	0.54	0.55	0.61	0.36	0.46	0.52
2007	0.60	0.66	0.61	0.60	0.60	0.66	0.44	0.49	0.58
2008	0.63	0.68	0.64	0.66	0.65	0.69	0.43	0.54	0.62
2009	0.68	0.70	0.66	0.68	0.67	0.72	0.45	0.58	0.64
2010	0.69	0.71	0.68	0.70	0.69	0.75	0.49	0.61	0.66
2011	0.70	0.65	0.69	0.68	0.71	0.76	0.48	0.58	0.66
2012	0.72	0.68	0.72	0.70	0.73	0.78	0.52	0.62	0.68
2013	0.73	0.67	0.71	0.71	0.73	0.78	0.54	0.64	0.69
2014	0.74	0.68	0.71	0.73	0.74	0.80	0.59	0.64	0.70
2015	0.73	0.69	0.70	0.73	0.75	0.80	0.57	0.68	0.70
2016	0.74	0.79	0.72	0.76	0.77	0.80	0.57	0.70	0.73
2017	0.80	0.80	0.67	0.82	0.72	0.79	0.60	0.72	0.74

7.4.2　协调发展度分析

根据前文协调发展度测度结果,对楚雄、红河、文山、西双版纳、大理、德宏、怒江、迪庆 8 个地区人地系统协调发展度总体情况及区域差别进行分析。

(1) 云南资源依赖型地区人地系统协调发展整体状况

据 1995—2017 年楚雄、红河、文山、西双版纳、大理、德宏、怒江、迪庆地区人地系统协调度值及协调发展度值(表 7.6—表 7.8),绘制各地区人地系统协调发展变化总体趋势图,如图 7.22 所示。

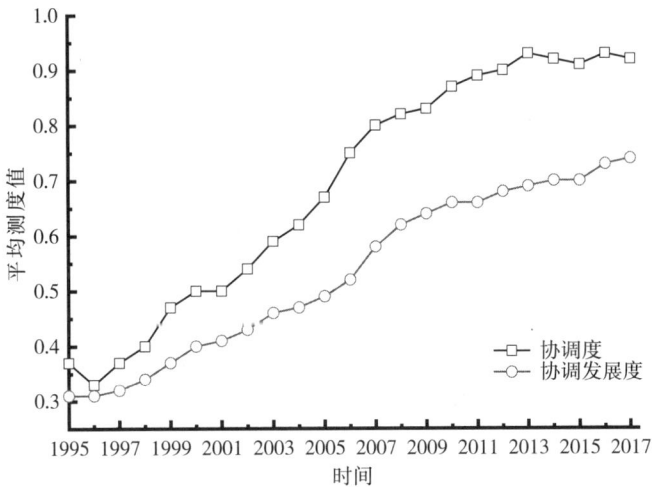

图 7.22　1995—2017 年云南资源型地区人地系统协调发展趋势

由图 7.22 可知,8 个地区人地系统整体协调发展度值在 0.30 ~ 0.75,而协调度值在 0.33 ~ 0.92,协调度值明显高于协调度发展值。1995—2005 年协调度值增长率高于协调发展度值增长率,两者之间的差距不断增加。2006 年后,协调度逐渐趋于稳定,但协调发展度变化较为平缓的增长趋势。这说明这 8 个地区人地系统中自然、经济、社会 3 个子系统整体发展度不断趋于同步,但体现为低水平同步,人地系统协调发展需在控制自然环境质量的波动和下降趋势的同时,提升经济实力,促进社会发展水平。

(2)各地区人地系统协调发展状况

由表 7.8 可知,各地区人地系统协调发展度均呈上升趋势,但变化速度各不相同。德宏人地系统协调发展状况最优。除 1997 年、1998 年、2003 年、2017 年略低于西双版纳或红河外,其他年份均在 8 个地区中排名第一位。红河、西双版纳、楚雄、大理人地系统协调发展状况居中。1995—2010 年(除 1997 年、1998 年、2003 年),红河、西双版纳协调发展度仅次于德宏,2011 年后两地协调发展增长速度减慢,红河协调发展度甚至出现下降趋势,而楚雄、大理协调发展速度加快,排名逐渐超过西双版纳和红河。文山、怒江、迪庆人地系统协调发展状况较差。1995—2005 年,文山协调发展度始终居于末位。2006 年后,随着社会、经济发展水平的不断发展,该地区协调发展速度逐渐加快,排名超过社会、经济发展水平较为滞后的怒江和迪庆。

为更进一步反映云南资源型地区人地系统协调度、协调发展度变化情况,选取各地区自然、经济、社会子系统发展度,人地系统协调度及协调发展度的平均值进行对比分析,如图 7.23 所示。

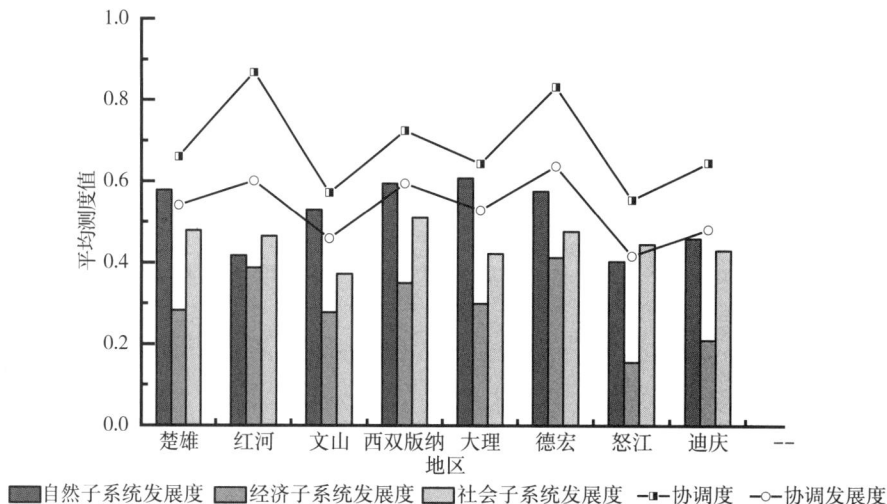

图 7.23 云南资源型地区人地系统 1995—2017 年协调发展总体情况对比

通过对比分析得出,区域人地系统协调度、协调发展度与自然、经济、社会子系统间的关系类型可大致分为以下两类。

（1）协调发展度较高的类型

此类又分为两个亚类,（Ⅰ）协调发展度较高,自然、经济、社会子系统发展度均较好的地区,包括西双版纳、德宏。（Ⅱ）协调发展度较高,但自然子系统发展度相对滞后的地区,如红河。

（2）协调发展度较低的类型

此类也可以分为两个亚类,（Ⅰ）协调发展度较低,经济、社会子系统发展度滞后于自然子系统发展的地区,包括楚雄、大理、文山。（Ⅱ）协调发展度较低,且经济子系统发展度较差的地区,如怒江、迪庆。

综上分析,云南资源型地区自然、经济、社会发展与人的系统协调度及协调发展度的关系存在如下特征。

①经济、社会发展水平较高的地区均表现出较好的协调性,协调度越差的地区经济度越低,经济发展滞后问题越突出,经济子系统发展度在人地系统协调发展中占主导作用。

②自然子系统发展度较低,经济、社会发展水平一般的地区也可能表现出良好的协调性,但协调发展度相对较差。

7.5　协调发展效率测度与分析

从上文建立的区域人地系统协调发展指标体系中选取能体现系统之间投入与产出关系的指标作为 DEA 测度模型的变量。对楚雄、红河、文山、西双版纳、大理、德宏、怒江、迪庆 8 个地区协调发展效率进行测度与分析。

7.5.1　投入与产出变量

为全面反映人地系统中多个层面因素对系统协调发展效率的影响,应尽量包含更多的信息。但应用 DEA 模型进行测度时,指标个数过多易导致决策单元之间测度差异不明显。因此,本书应用算术平均值法对各子系统变量进行综合处理。

(1) 变量的确定

①投入变量。自然环境投入(IN-N)、经济投入(IN-E)和社会资本投入(IN-S)。

自然环境投入(IN-N)选取环境污染指标,表示在人地系统发展过程中自然子系统的损耗,本书从前文建立的人地系统协调发展测度指标体系中选取工业废水排放总量、工业废气排放总量、工业固体废物产生量,三者的平均值来代替。

经济投入(IN-E)用固定资产投资总额来表示。固定资产投资是以货币形式表现的在某一时期配置固定资产所付出的工作量和费用变化情况。在此表示,人地系统发展过程中经济子系统的投入。

社会资本投入(IN-S)以社保支出占 GDP 比重及教疗支出占 GDP 比重的平均值表示。社会保障支出、教育经费及医疗卫生经费支出是政府用于完善社会保障体系、促进义务教育、建立医疗卫生制度的提供保障的一种支出形式。为增强指标在不同区域间的可比性,用社保支出占 GDP 比重及教疗支出占 GDP 比重的平均值表示。

②产出变量。环境改善(OUT-N)、经济增长(OUT-E)、社会进步程度(OUT-S)。

环境改善(OUT-N)用工业固体废物综合利用率表示;"工业三废"治理效率是反映环境保护情况的主要指标,但云南各地区年鉴中对废水及废气处理情况的统计指标不统一,因此本书选取统计数据较为连贯的固体废物综合利用率来反映人地系统发展过程中对环境压力的缓解情况。

经济增长(OUT-E)用人均 GDP 表示;人均 GDP 能从宏观上客观衡量一个地区经济发展的状况,因此用于反映经济子系统的产出情况。

社会进步程度(OUT-S)用城镇化率表示。城镇化对于打破城乡二元结构、构建和谐社会具有重要意义。城镇化率是目前国家统计局发布的用于衡量城镇化发展水平的主要指标,它在一定程度上反映了一个地区的社会服务水平。

同时,将协调发展度作为产出指标,表示人地系统发展过程中必须满足协调发展度这一硬性约束。

（2）处理变量数据

由于不同量纲的数据无法计算其平均数值,且具有不同的计量单位和数量级的各项投入、产出指标数据也不可直接在 C^2R 模型中进行线性规划问题的求解,因此,需要对不同量纲的投入、产出原始数据按一定的函数关系进行归一化处理,消除量纲对测度结果的不利影响。本书通过每个变量和最小变量值的差除以该组变量值全距的方法来完成各变量数据的归一化,并将各变量归一化后的取值范围平移到[1,10]区间内。计算公式为:

$$X'_{ij} = \frac{X_{ij} - \min X_{ij}}{\max X_{ij} - \min X_{ij}} \times 9 + 1 \tag{7-3}$$

7.5.2　区域协调发展效率测度

根据第6章中建立的 DEA 模型,利用 MATLAB(2017b)对楚雄、红河、文山、西双版纳、大理、德宏、怒江、迪庆 8 个地区人地系统发展的综合效率(θ)进行衡量,计算结果见表 7.8。

表 7.8　1995—2017 年云南资源型地区人地系统协调发展综合效率值

时间 /年	地区								有效地区 /个
	楚雄	红河	文山	西双版纳	大理	德宏	怒江	迪庆	
1995	1.00	1.00	1.00	1.00	0.98	1.00	1.00	0.79	6
1996	1.00	1.00	1.00	1.00	1.00	1.00	1.00	1.00	8
1997	1.00	1.00	1.00	1.00	1.00	1.00	1.00	1.00	8
1998	1.00	1.00	1.00	1.00	1.00	1.00	0.99	1.00	7

续表

时间 /年	地区								有效地区 /个
	楚雄	红河	文山	西双版纳	大理	德宏	怒江	迪庆	
1999	1.00	1.00	1.00	1.00	1.00	1.00	1.00	1.00	8
2000	1.00	0.83	1.00	1.00	1.00	0.98	0.93	0.84	4
2001	1.00	0.83	1.00	1.00	1.00	0.98	0.83	0.89	4
2002	0.99	0.89	1.00	1.00	1.00	1.00	0.77	0.88	4
2003	1.00	1.00	1.00	1.00	1.00	1.00	1.00	1.00	8
2004	1.00	1.00	1.00	1.00	1.00	1.00	1.00	1.00	8
2005	1.00	1.00	1.00	1.00	1.00	1.00	1.00	1.00	8
2006	1.00	1.00	1.00	1.00	1.00	1.00	1.00	1.00	8
2007	1.00	1.00	0.92	0.94	1.00	1.00	1.00	1.00	6
2008	1.00	1.00	0.88	1.00	0.97	0.99	0.81	1.00	4
2009	1.00	0.97	0.81	0.95	0.86	1.00	0.72	0.96	2
2010	0.99	0.94	0.80	0.98	0.81	0.99	0.64	1.00	1
2011	0.90	1.00	1.00	0.94	0.91	1.00	0.81	0.98	3
2012	1.00	1.00	1.00	0.96	0.85	1.00	0.88	0.96	4
2013	1.00	0.98	1.00	1.00	0.77	0.99	0.91	1.00	3
2014	1.00	0.96	1.00	0.99	0.93	1.00	1.00	0.93	4
2015	0.92	0.88	0.94	0.96	0.99	1.00	1.00	0.96	2
2016	0.98	0.86	0.91	0.94	1.00	0.98	0.86	1.00	2
2017	1.00	1.00	1.00	1.00	1.00	1.00	1.00	1.00	8
有效次数	18次	14次	17次	15次	14次	17次	12次	14次	

　　结合表7.8,绘制上述8个地区人地系统发展的综合效率值分布图,如图7.24所示。

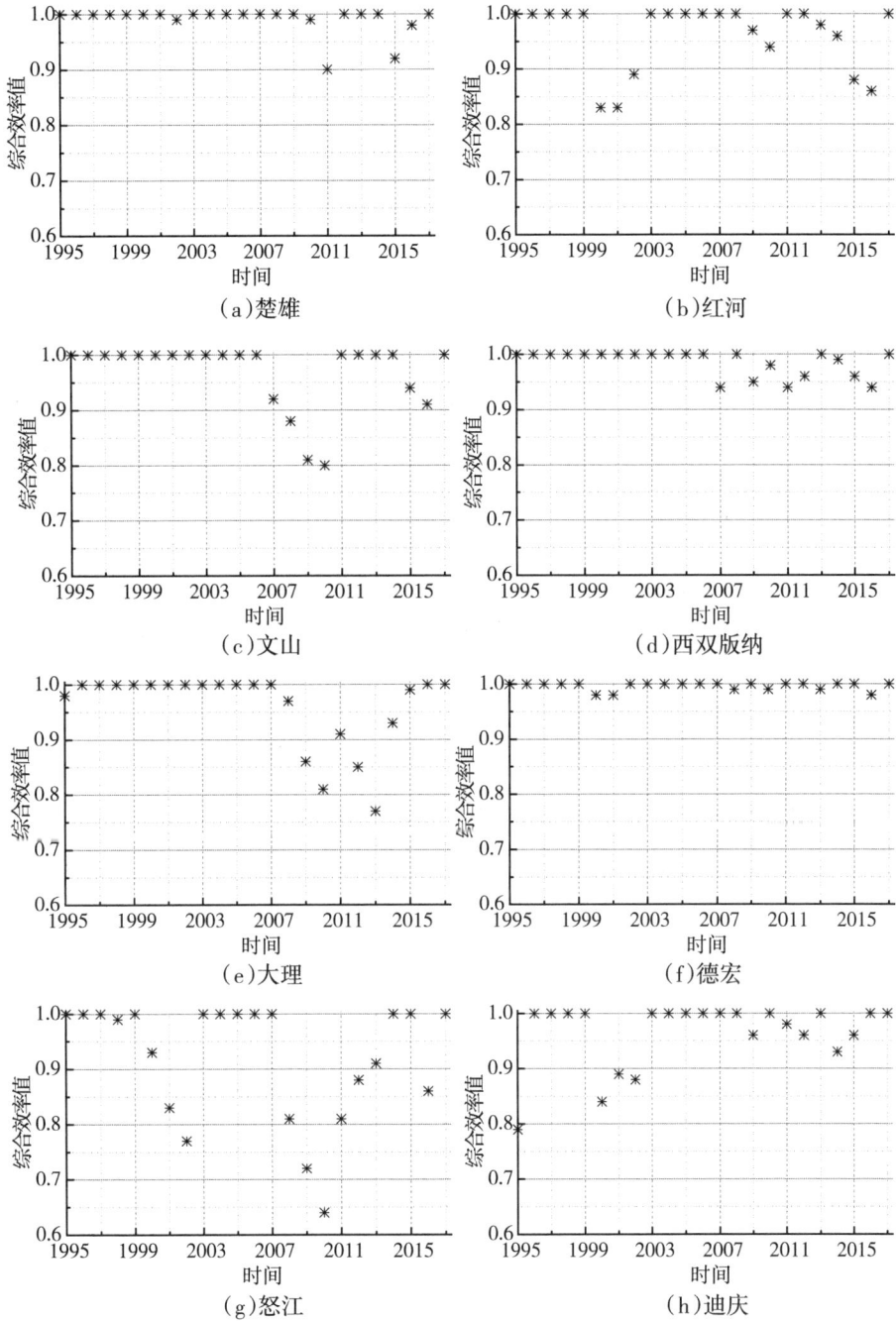

图 7.24　1995—2017 年云南资源型地区人地系统协调发展综合效率

（1）整体综合效率值分析

从整体上看，楚雄、文山、德宏等地是 DEA 有效年份较多的地区。其中，楚雄为 18 年，文山、德宏均为 17 年；而怒江是 DEA 有效年份最少的地区，同时也是平均综合效率值最低的地区（$\theta = 0.919$），其 2010 年综合效率值仅为 0.639，是整个样本期间的最低值。在一定的协调发展度约束下，区域人地系统投入与产出平均综合效率值呈下降趋势。尤其是 2007 年后，呈 DEA 无效的地区逐渐增多。由此分析，云南高投入、高消耗的现象没有得到有效抑制，各子系统之间的资源组合没有达到最优，投入冗余或者产出不足现象不减反增，社会、经济的发展依然是依靠资源的大量投入，而对技术的依赖性较弱。

（2）分区域效率值分析

根据第 6 章中建立的 DEA 模型，利用 MATLAB 计算得到各地区 1995—2017 年投入指标及产出指标的松弛变量取值，即投入冗余值 Radial Movement（RM）和产出不足值 Slack Movement（SM）。据此，绘制各地区人地系统协调发展非 DEA 有效年份 RM-SM 情况图，如图 7.25—图 7.32 所示。

楚雄人地系统非 DEA 有效年份共 6 年，最低综合效率值为 0.895。其中，除 2010 年外的其他 5 年表现出自然子系统投入冗余，且除 2002 年外的其他 5 年表现出自然子系统产出不足。这说明楚雄人地系统发展综合效率的提高需改变能源消耗结构与方式，提高资源利用率，减少污染物产生，如图 7.25 所示。

红河人地系统非 DEA 有效年份共 9 年，最低综合效率值为 0.826。其中，2000 年、2001 年、2002 年连续表现出自然子系统投入冗余，之后该项投入冗余值均为零；2000 年、2001 年、2002 年、2009 年表现出经济子系统产出不足，之后该项产出不足值为零；说明该地区环境污染现象得到有效抑制，经济产出水平有所提高，这与红河自然、经济子系统发展度不断提高的测度结果相吻合。同时，红河人地系统非 DEA 有效还主要表现为自然和社会子系统产出不足。这表明该地区需加强循环经济的发展,提高资源的综合利用率,同时促进社会子系统发展,如图7.26所示。

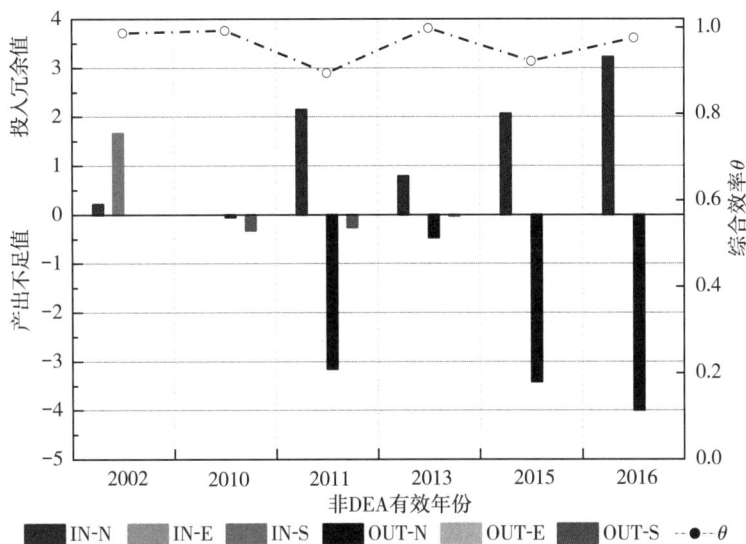

图7.25 楚雄人地系统协调发展非 DEA 有效年份 RM-SM 情况

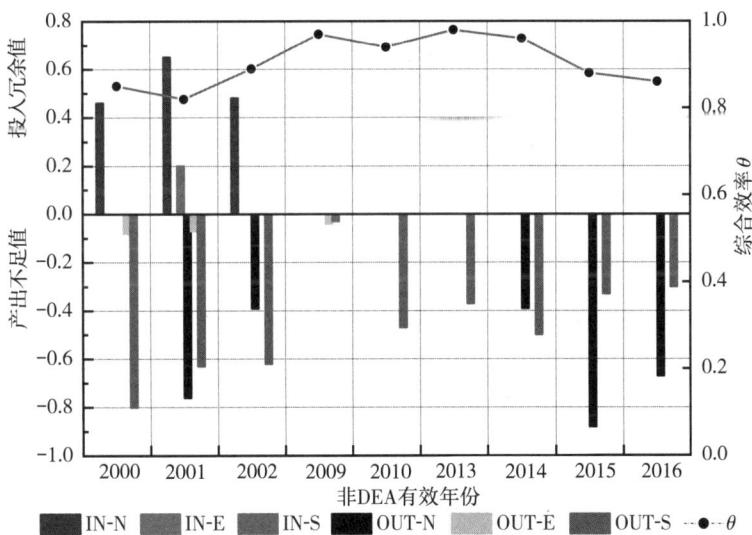

图7.26 红河人地系统协调发展非 DEA 有效年份 RM-SM 情况

文山人地系统非 DEA 有效年份共 6 年,最低综合效率值为 0.795。其中,

2007 年和 2008 年表现为自然子系统投入冗余;2009 年表现为社会子系统投入冗余;2010 年、2015 年及 2016 年表现为自然和社会子系统产出不足,且 2016 年社会子系统产出不足较为显著。这说明该地区加强了环保建设,环境污染问题得到了缓和,但同时也应提高资源的循环利用率,并注重社会子系统的有效发展,如图 7.27 所示。

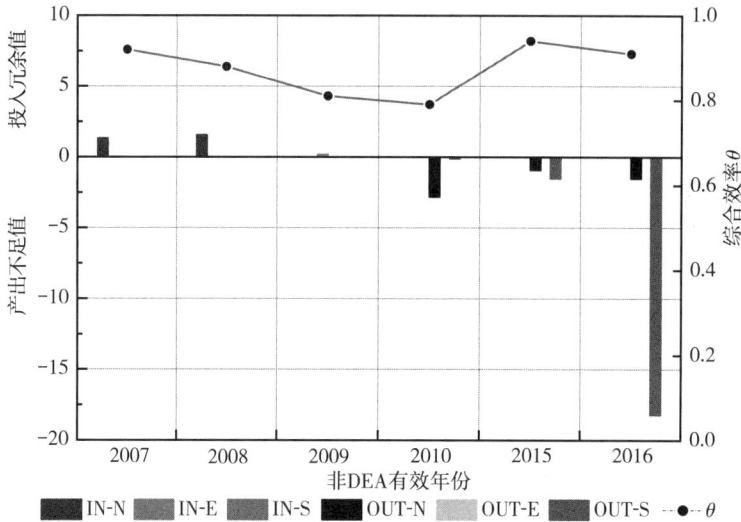

图 7.27　文山人地系统协调发展非 DEA 有效年份 RM-SM 情况

西双版纳人地系统非 DEA 有效年份共 8 年,且主要表现为自然子系统产出与社会子系统产出不足,最低综合效率值为 0.937。这说明西双版纳自然子系统及社会子系统资源投入和产出结构有待通过发展来进行优化;同时,促进城市化建设的进程,提高社会资源的利用效率,如图 7.28 所示。

大理人地系统非 DEA 有效年份共 8 年,最低综合效率值为 0.771。其中,2002 年表现为自然子系统及社会子系统投入冗余;2010 年表现为自然子系统及社会子系统产出不足;其余非 DEA 有效年份则主要表现为自然子系统投入冗余和自然子系统产出不足。说明大理在社会、经济发展的同时,应减少环境污染,提高资源利用效率,如图 7.29 所示。

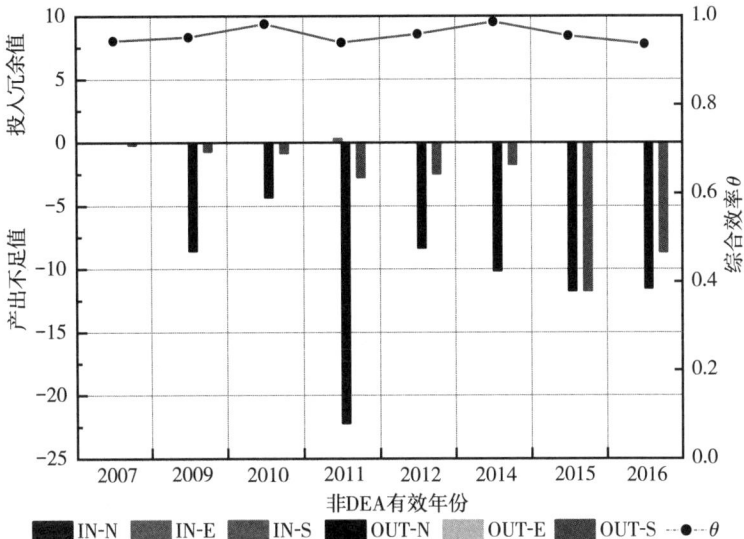

图 7.28 西双版纳人地系统协调发展非 DEA 有效年份 RM-SM 情况

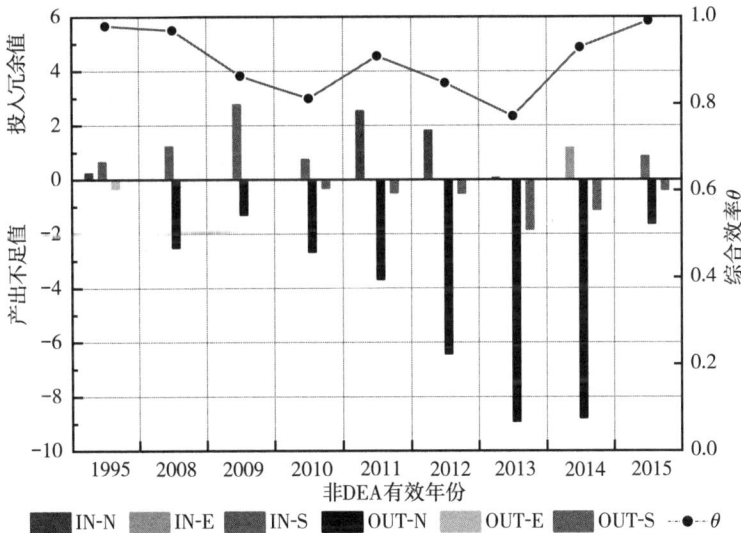

图 7.29 大理人地系统协调发展非 DEA 有效年份 RM-SM 情况

德宏人地系统非 DEA 有效年份共 8 年,最低综合效率值为 0.978。主要表现为自然子系统产出不足,同时 2008 年、2010 年出现经济子系统产出不足, 2001—2013 年,社会子系统产出不足出现递增现象。这说明该地区自然、经济、社会子系统效率都有待提高,应引导循环经济的发展,促进资源的有效利用,如图 7.30 所示。

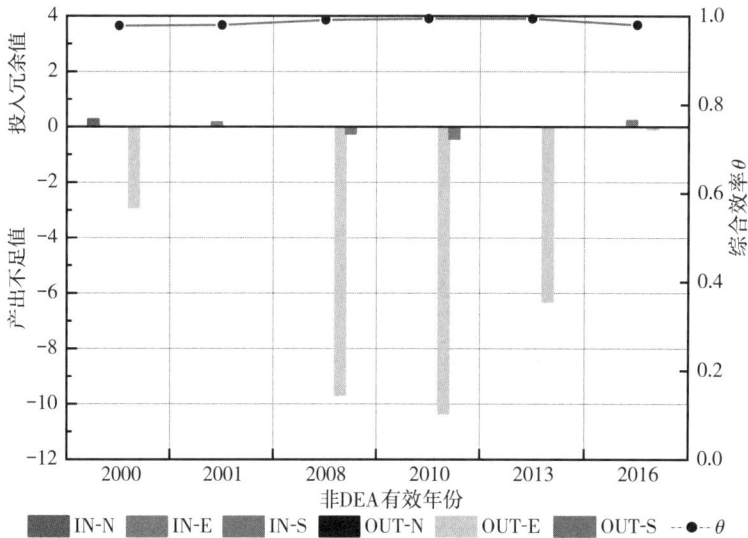

图 7.30　德宏人地系统协调发展非 DEA 有效年份 RM-SM 情况

怒江人地系统非 DEA 有效年份共 11 年,最低综合效率值为 0.639。1998—2009 年自然子系统投入冗余有增长趋势,但 2010 年后该项投入冗余得到控制;除 2000 年、2010 年、2012 年外,非 DEA 有效年份均存在自然子系统产出不足;同时,怒江社会子系统投入冗余问题较其他地区突出,且在 2013 年出现社会子系统产出不足。这说明怒江应加强自然环境保护,减少污染,提高能源利用效率;同时,不能一味地加大投入力度,而应在发展中合理利用资源,促进自然子系统及社会子系统协调发展效率,如图 7.31 所示。

迪庆人地系统非 DEA 有效年份共 9 年,最低综合效率值为 0.789。其中,自然子系统产出及社会子系统产出不足较明显,说明应促进循环经济的发展,并提高社会子系统资源的利用率,促进城市化建设的有序进行;2000 年、2001年、2002 年连续出现经济子系统产出不足,而这 3 年间迪庆经济子系统发展度增长处于相对停滞状态,表明在一定系统投入状态下,协调发展效率对子系统发展度存在一定程度的影响,如图 7.32 所示。

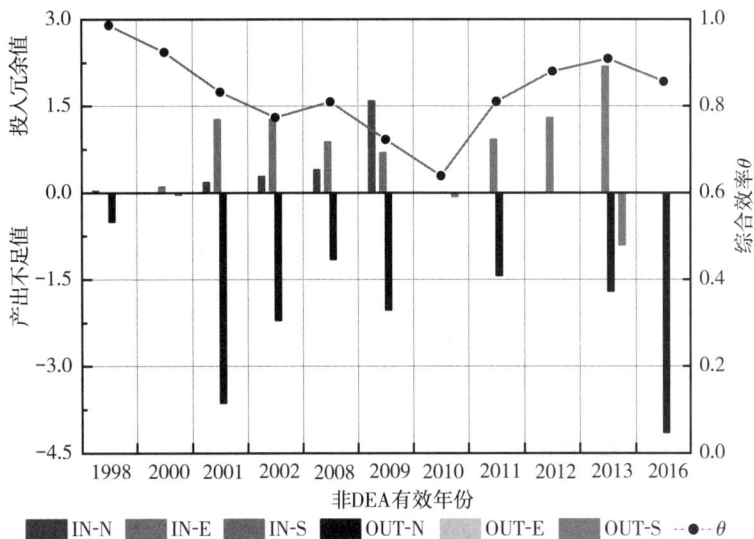

图 7.31　怒江人地系统协调发展非 DEA 有效年份 RM-SM 情况

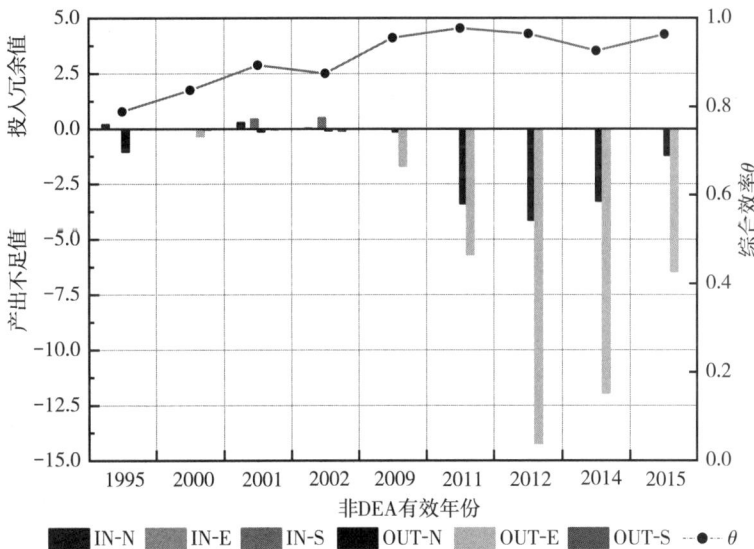

图 7.32　迪庆人地系统协调发展非 DEA 有效年份 RM-SM 状况

7.6 人地系统协调发展横向对比

为进一步分析人地系统协调发展度及其综合效率状况,本节采用第4章人地系统协调发展水平测度方法,选取2017年样本数据,测度云南资源型地区人地系统协调发展情况,并以全国人地系统协调发展度及综合效率值为基准,对云南资源型地区人地系统协调发展水平进行横向测度。

7.6.1 指标及数据来源

在协调发展度计算过程中,根据云南资源型地区人地系统发展测度指标体系选取指标。为便于横向比较,自然子系统选取每亿元工业产值所带来的工业废水排放量(工业废水排放总量/规模以上工业总产值)、工业废气排放量(工业废气排放总量/规模以上工业总产值)、工业固体废物产生量(工业固体废物产生总量/规模以上工业总产值)、工业固体综合利用率、建成区绿化覆盖率5项基础指标;经济子系统选取人均社会消费品零售总额、人均固定资产投资、人均GDP、对外贸易进出口总额、第三产业占GDP比重5项指标;社会子系统选取城镇化率、城乡人均收入比、社保支出占GDP比重、千人床位数、中小学师生比、教疗支出占GDP比重6项指标。

协调发展水平综合效率计算过程中,增加了DEA模型的决策单元数量,以保证评价结果的可靠性和准确性。将2017年云南16个州市及中国人地系统看作DEA模型的决策单元,并沿用本章第7.5节中建立的投入-产出指标体系,从横向上测度云南资源型地区人地系统协调发展情况。

数据来源于《云南统计年鉴·2018:汉英对照》《中国城市统计年鉴·2018:汉英对照》《中国统计年鉴·2018:汉英对照》《中国第三产业统计年鉴·2018:汉英对照》《昭通市2017年地方财政预算执行情况及2018年地方财政预算草

案的报告》《保山市 2017 年地方财政预算执行情况和 2018 年地方财政预算草案的报告》《普洱市 2017 年地方财政预算执行情况和 2018 年地方财政预算草案的报告》。

7.6.2 协调发展测度结果与分析

根据第 6 章 6.3 中建立的协调发展测度模型框架,计算 2017 年云南省 16个州市及全国人地系统协调发展水平,测度结果见表 7.9。

表 7.9 2017 年云南各州市及全国人地系统协调发展水平

地区	子系统发展度(T)			协调度 (C)	协调发展度 (D)	综合效率 (θ)
	自然(N)	经济(E)	社会(S)			
中国	0.800	0.526	0.440	0.812	0.691	1.000
昆明	0.709	0.810	0.590	0.952	0.818	1.000
曲靖	0.704	0.311	0.360	0.636	0.540	1.000
玉溪	0.697	0.435	0.475	0.869	0.682	1.000
保山	0.837	0.220	0.320	0.320	0.383	1.000
昭通	0.486	0.010	0.465	0.200	0.253	1.000
丽江	0.757	0.277	0.452	0.606	0.548	1.000
普洱	0.313	0.247	0.440	0.838	0.528	0.935
临沧	0.762	0.260	0.404	0.536	0.505	0.878
楚雄	0.795	0.368	0.531	0.742	0.647	1.000
红河	0.687	0.354	0.546	0.816	0.657	0.682
文山	0.291	0.272	0.500	0.771	0.523	1.000
西双版纳	0.791	0.539	0.593	0.917	0.767	1.000
大理	0.638	0.221	0.498	0.633	0.535	1.000
德宏	0.537	0.664	0.631	0.977	0.772	1.000
怒江	0.128	0.353	0.327	0.648	0.418	0.665
迪庆	0.365	0.567	0.370	0.867	0.613	0.371

根据表7.9绘制2017年云南各州市及我国人地系统协调发展水平分析图,如图7.33所示。根据综合效率计算结果,绘制人地系统协调发展非DEA有效地区RM-SM情况图,如图7.34所示。

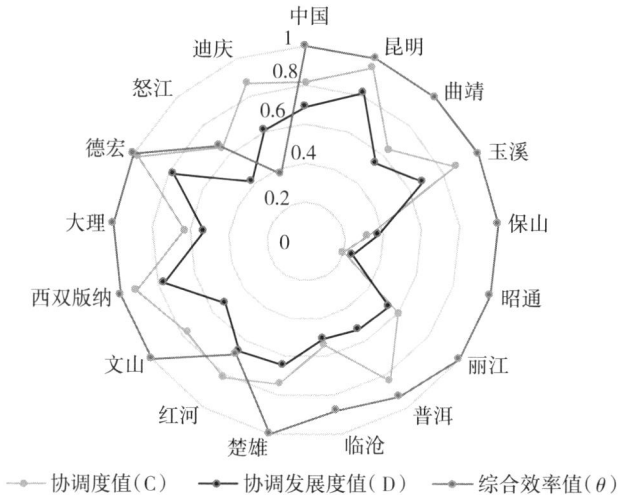

图7.33 2017云南各州市及我国人地系统协调发展水平

分析表7.9和图7.33可得:2017年,云南16个地州人地系统协调度及协调发展度平均值分别为0.708和0.575,分别比全国总体水平低0.104和0.116。然而从协调发展综合效率值来看,2017年我国人地系统协调发展综合效率值为1,表明该年度,我国在人地系统协调发展约束下的生产是有效的。云南16个地州中,人地系统协调发展平均综合效率值为0.909。非DEA有效地区为普洱、临沧、红河、怒江、迪庆,且红河、怒江、迪庆三地综合效率值均排在所有测度单元的末尾。

从投入产出角度,进一步透视红河、怒江、迪庆三地人地系统协调发展情况(表7.9和图7.34)。红河虽然协调发展度较高,接近我国平均协调发展度,但其经济子系统发展度较低,在DEA效率测度中经济产出不足现象较显著。怒江州人地系统协调发展度较低,且表现出较突出的自然子系统和社会子系统发展问题,两子系统投入冗余及产出不足现象均较明显,说明其发展结构存在不合理现象。观察测度体系指标数据发现,该地固体废物综合利用率较低,资源浪费现象严重,在社会保障方面投入比重较大,但城镇化水平仍然低于云南省其他地区。自然、社会子系统资源的投入并未得到相应的产出。迪庆协调度及协调发展度均较高,但协调发展度却排在最末,自然子系统及社会子系统产出不足,表明该地区资源的循环利用率较低,仍以高耗能、高污染的传统发展方式为主,社会资源的投入未能有效促进地区城市化的建设。

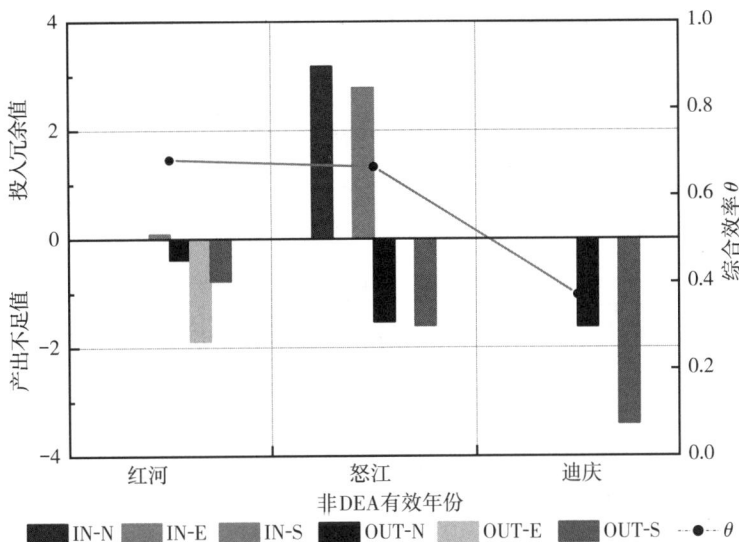

图 7.34　2017 年人地系统协调发展非 DEA 有效地区 RM-SM 情况

7.6.3　地区聚类分析

为进一步分析云南资源依赖型人地系统协调发展状况,根据 2017 年云南各州市人地系统协调发展综合效率值,采用最优分割方法,借助 MATLAB 进行聚类分析。最优分割方法是通过对样本的定量分析和计算来确定最优分割点,从而对样本进行聚类。因此,该方法较人为设置聚类标准更具科学性和客观性。

（1）最优分割方法原理

最优分割法是以"离差平方和"为依据，对有序样品进行聚类的一种统计方法。若要对 n 个有序样品按顺序进行分割，则有 $C_{n-1}^1 + C_{n-1}^2 + \cdots + C_{n-1}^{n-1} = 2^{n-1} - 1$ 种分类方法，现需从诸多分类方法中找出一种最优的分类方法，使各类别内部差异最小，而各类别之间差异最大。各类内部差异最小，即要使类别内部数值的离差平方和最小。

假设存在一组有序样品，按一定次序将其排列为 $x_1, x_2, \cdots, x_n$，每个样品是一个 m 维向量。则该组样品的聚类可通过 3 个步骤完成。

首先，类直径的界定。设 G_{ij} 为其中某一类，记作 $\{x_i, x_{i+1}, \cdots, x_j\}$，$j > i$；计算该类的均值 $\bar{x}_{ij}$。

$$\bar{x}_{ij} = \frac{1}{j + i + 1} \sum_{i=1}^{j} x_i \tag{7-4}$$

以 $D(i,j)$ 表示类 G_{ij} 的直径，则运用式(7-5)计算出类 G_{ij} 的直径。

$$D(i,j) = \sum_{i=1}^{j} (x_i - \bar{x}_{ij})^{\mathrm{T}} (x_i - \bar{x}_{ij}) \tag{7-5}$$

其次，定义出目标函数。将 n 个样品划分为 k 类，假设其中一种分法为 $P(n,k)$：$\{x_{i_1}, x_{i_1+1}, \cdots, x_{i_2-1}\}, \{x_{i_2}, x_{i_2+1}, \cdots, x_{i_3-1}\}, \cdots, \{x_{i_k}, x_{i_k+1}, \cdots, x_n\}$，也可将其简单记为 $P(n,k)$：$\{i_1, i_1 + 1, \cdots, i_2 - 1\}, \{i_2, i_2 + 1, \cdots, i_3 - 1\}, \cdots, \{i_k, i_k + 1, \cdots, n\}$，其中分点需满足条件 $1 = i_1 < i_2 < \cdots < i_k < i_k + 1 = n$。将该种分类的目标函数定义为：

$$e[p(n,k)] = \sum_{j=1}^{k} D(i_j, i_{j+1} - 1) \tag{7-6}$$

当 n, k 一定时，$e[p(n,k)]$ 的取值越小，表明各类的离差平方和越小，分类的结果越科学合理。

最后，求出该组有序样品分类的最优解。根据第二步中目标函数的求解方法，得到以下递推公式：

$$e[p(n,2)] = \min_{2 \leqslant j \leqslant n} \{D(1, j - 1) + D(j, n)\} \tag{7-7}$$

$$e[p(n,k)] = \min_{k \leq j \leq n} \{e[p(j-1,k-1)] + D(j,n)\} \qquad (7\text{-}8)$$

若要将样品分为 k 类,则需找到一个 j_k 使得式(7-8)取极小值,即:

$$e[p(n,k)] = e[p(j_k-1,k-1)] + D(j_k,n) \qquad (7\text{-}9)$$

此时,得到:

$$G_k = \{j_k, j_k+1, \cdots, n\} \qquad (7\text{-}10)$$

依此法类推,得到所有类 $G_1, G_2, \cdots, G_k$,即可得到最优解。

（2）协调发展度及综合效率聚类结果分析

本书采用最优分割方法,分别以协调发展度值(D)和综合效率值(θ)对云南各州市人地系统协调发展水平进行聚类划分。将云南 16 个州市分成 4 类,聚类结果见表 7.10。

表 7.10　2017 年云南各州市人地系统协调发展水平聚类结果

地区	协调发展度(D)			综合效率(θ)		
	测度值	等级	类型	测度值	等级	类型
中国	0.691	Ⅱ	中等协调发展	1.000	Ⅰ	综合有效
昆明	0.818	Ⅰ	优良协调发展	1.000	Ⅰ	综合有效
曲靖	0.540	Ⅲ	中度失调衰退	1.000	Ⅰ	综合有效
玉溪	0.682	Ⅱ	中等协调发展	1.000	Ⅰ	综合有效
保山	0.383	Ⅲ	中度失调衰退	1.000	Ⅰ	综合有效
昭通	0.253	Ⅳ	严重失调衰退	1.000	Ⅰ	综合有效
丽江	0.548	Ⅲ	中度失调衰退	1.000	Ⅰ	综合有效
普洱	0.528	Ⅲ	中度失调衰退	0.935	Ⅱ	效率较高
临沧	0.505	Ⅲ	中度失调衰退	0.878	Ⅱ	效率较高
楚雄	0.647	Ⅱ	中等协调发展	1.000	Ⅰ	综合有效
红河	0.657	Ⅱ	中等协调发展	0.682	Ⅲ	效率偏低
文山	0.523	Ⅲ	中度失调衰退	1.000	1	综合有效
西双版纳	0.767	Ⅰ	优良协调发展	1.000	Ⅰ	综合有效
大理	0.535	Ⅲ	中度失调衰退	1.000	Ⅰ	综合有效
德宏	0.772	Ⅰ	优良协调发展	1.000	Ⅰ	综合有效

续表

地区	协调发展度(D)			综合效率(θ)		
	测度值	等级	类型	测度值	等级	类型
怒江	0.418	Ⅲ	中度失调衰退	0.665	Ⅲ	效率偏低
迪庆	0.613	Ⅱ	中等协调发展	0.371	Ⅳ	效率较差

根据表 7.10,进一步建立协调发展度与综合效率等级划分之间的匹配准则,将 16 个测度区域划分为 4 级 16 类,如图 7.35 所示。

一级匹配度最优,表现为优良协调发展且效率综合有效。

二级匹配度良好,表现为优良协调发展且效率综合有效、优良协调发展且综合效率较高、中等协调发展且中等综合效率较高。

三级匹配度较差,表现为中度失调衰退且效率综合有效、中度失调衰退且综合效率较高、中度失调衰退且综合效率偏低、优良协调发展且综合效率偏低、中等协调发展且综合效率偏低。

四级匹配度最差,表现为优良协调发展且综合效率较差、中等协调发展且综合效率较差、中度失调衰退且综合效率较差、严重失调衰退且效率综合有效、严重失调且综合效率较高、严重失调衰退且综合效率偏低、严重失调衰退且综合效率较差。

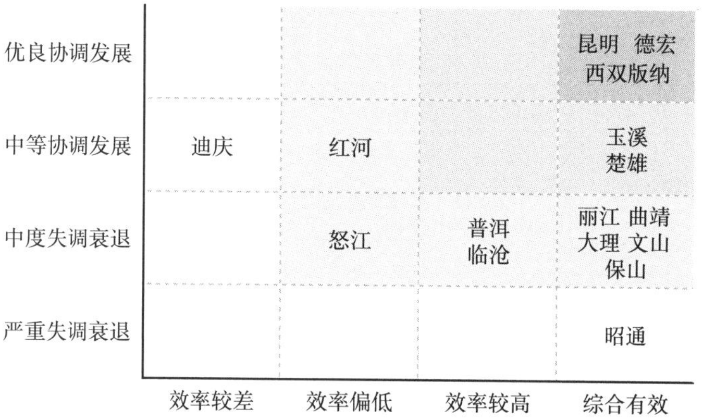

图 7.35　2017 年云南各州市人地系统协调发展度与综合效率等级划分

　　根据上述分级方法,对云南 16 个州市人地系统在协调发展度和综合效率两方面的聚类划分,得出如下结果。

　　一级匹配度最优的地区有昆明、德宏、西双版纳。这类地区协调发展度较高,且 DEA 有效。这表明这些地区自然、经济、社会子系统发展度较高且发展较为均衡;人地系统生产状况良好,能以最低的资源消耗、最少的工业污染及最低的物质资本投资,实现了最大的社会、经济产出,同时充分发挥了工业三废的循环再利用。

　　二级匹配度良好的地区有玉溪、楚雄。两地距离省会城市昆明较近,受昆明经济发展的辐射作用,经济发展水平较高,但社会及自然子系统发展度与经济子系统之间仍存在一定差距,人地系统协调发展度不及一级地区,但仍表现为 DEA 有效,投入产出较为合理。此类地区应加强生态维护、加强社会发展能力,以促进 3 个子系统的协调程度。

　　三级匹配度较差的地区有 9 个。其中,丽江、曲靖、大理、文山、保山综合效率表现为 DEA 有效,但协调发展度较低,此类地区要以提升协调发展度为核心,在保护生态环境的同时要积极有效地调整产业结构,促进城镇化建设的进程,不断协调自然、经济、社会子系统间的发展水平;普洱、临沧人地系统协调发展度较低,且投入产出未达到最佳有效程度,此类地区要在提升协调发展度的同时,进一步促进要素资源的有效利用;怒江属于协调发展度及综合效率均较低的地区,应同时注重协调度和综合效率的提升,既要牢固树立协调发展的根本理念,又要保持投入产出要素的合理配比,使两者相互促进、相辅相成;红河则要以提升效率为核心,加大技术投入,进一步提升资源的产出水平,促进投入要素与区域发展规模的匹配度,同时使人地系统协调发展度得到进一步提升。

　　四级匹配度最差的地区有昭通和迪庆。对于昭通,应在保持高效率的同时,提升系统协调度,尤其要促进经济的发展;迪庆协调发展度较好,但是是综合效率最低的地区,说明该地区在促进区域协调发展过程中的投入和污染排放量均远高于其他地区,在贯彻环境保护和控制污染排放量方面还存在改进的空间。

7.7 本章小结

本章根据第 4 章所构建的指标体系,基于 1995—2017 年面板数据,对云南资源型地区人地系统协调发展综合水平进行测度。

①纵向分析比较结果。从各子系统指标的权重来看,自然子系统权重值最高的指标是工业固体废物综合利用率,说明发展循环经济对地区生态环境、提高自然子系统发展度有着强大的推动作用;经济子系统中,对外贸易进出口总额对经济子系统发展度影响较大,表明对外贸易能有力拉动云南经济发展;社会子系统中城镇化率权重较大,更能区分各地区之间社会发展水平的差异,云南省应不断优化社会子系统形态和结构,提升人类发展水平及整体素质,从而促进新型城镇化发展进程。

从协调发展度总体变化趋势来看,纵观 1995—2017 年,各地区人地系统协调度及协调发展度均呈上升趋势,但协调发展度值低于协调度值,说明区域人地系统中自然、经济、社会 3 个子系统发展度通过政策调整不断向平衡、协作、和谐的协调发展路径靠拢,但仍体现为低发展水平的协调。区域人地系统协调发展需在控制自然环境质量的波动和下降趋势的同时,提升经济实力,促进社会发展水平。

从协调发展综合效率发展趋势来看,在一定的协调发展度约束下,区域人地系统投入与产出平均综合效率值呈下降趋势。尤其 2007 年后,呈 EDA 无效的地区逐渐增多。说明云南高投入、高消耗的发展模式依然没有得到有效改善,各子系统之间的资源组合需得到进一步优化。

②横向分析比较结果。以 2017 年云南 16 个地州及我国平均水平为决策单元,以我国总体水平为基准,分析了云南 16 个州市协调发展综合水平。运用最优分割点法分别将协调发展度及综合效率值划分为 4 类,并建立协调发展度与综合效率等级划分之间的匹配准则,将 16 个测度区域划分为 4 级 16 类。

　　2017 年，云南省各州市人地系统协调度及协调发展度平均水平低于我国总体水平。然而从协调发展综合效率值来看，2017 年我国人地系统协调发展综合效率值为 1，而云南 16 个地州有 5 个地州表现出非 DEA 有效。

　　就协调发展度与综合效率等级匹配度来看，一级匹配度最优的地区是昆明、德宏、西双版纳；二级匹配度良好的地区有玉溪、楚雄；三级匹配度较差的地区是丽江、曲靖、大理、文山、保山、普洱、临沧、怒江、红河；四级匹配度最差的地区有昭通和迪庆。

8

云南资源型地区人地系统
协调发展演化预测模拟

云南资源型地区人地系统是一个复杂的开放性系统,具有较为复杂的行为模式。系统的行为和状态受多种变量的影响,这些变量相互交织形成驱动系统发展的综合力量,共同决定着系统的发展方向。本书在第 7 章中对云南资源型地区人地系统协调发展度及其综合效率的历史状况进行了测度。测度结果显示,1995—2017 年云南资源型地区协调发展度不断上升,且 2017 年协调度及协调发展度与我国总体水平接近。但人地系统协调发展的综合效率不容乐观,从 1995—2017 年非 DEA 有效地区的数量逐渐增多。若遵循现行发展模式,区域人地系统协调发展度是否会继续朝着有序发展的方向演化,人地系统投入产出综合效率又将沿着怎样的变化趋势发展,本章将对影响区域人地系统发展变化的指标数据进行时间序列预测分析,并模拟系统未来协调发展的演化趋势。

8.1　预测模型的选择

时间序列预测分析即从事物发展的历史数据中挖掘事物发展的规律,从而对其未来的变化趋势作出科学的定量预测。传统的时间序列预测技术需建立符合一定假设前提的数学模型来实现,这类模型基于对序列中序列点之间依存关系的确立来描述数据的线性变化过程,模型的适用性受假设条件的严格限制。比如,趋势外推模型需找到一个能恰当反映序列变化趋势的函数时才能使用,对于受随机因素影响时间序列预测精度较低;移动平均法(Moving Average,MA)和自回归方法(Auto Regressive, AR)需要序列在预测时间范围内满足弱平稳或二阶平稳条件,或是可以转换至平稳状态的序列;指数平滑法(Exponential Smoothing, ES)对数据的转折点缺乏鉴别能力,因此序列随机变动的方差 σ^2 不能过大。

同时,由于受多种因素的影响,影响人地系统发展的大多数变量呈现出高度的时变性和非线性,不能直接轻易描述其发展变化的规律。对于这类难以通过建立较为精确的数学模型来描述的"黑箱"问题,较为常用的解决方法是统计回归。在人地系统协调发展过程中,系统变量不可能都呈线性关系,线性回归方法显然无法解决类似的"黑箱"问题。非线性回归建模方法通常是先根据已有数据做出散点图,再根据图中散点的分布情况决定一条带参数的拟合曲线,然后根据已知点的数据应用最小二乘法或梯度搜索法对位置参数进行求解,最后再对实际数值和模型的预测值进行统计检验。但散点图毕竟只是相关关系的粗略表示,有时散点图可能同时与多种曲线都接近,选择较为恰当的回归曲线并非轻而易举的工作,有时需要进行大量的样本数据验证,同时需要依靠一定的专业知识和经验。

基于人工智能的 BP 神经网络模型为拟合时序数据间的非线性关系提供了较为有效的方法。BP 神经网络模型具有强大的学习和预测能力,能通过对历史数据的学习完成复杂的预测任务,且能以任意精度逼近非线性函数,因此具有更高的预测精度。但 BP 神经网络仍然存在自身固有的缺陷。BP 神经网络算法基于梯度下降来训练网络,其训练过程是从某一起点开始沿着误差函数的斜面寻找最小误差,起始点不同产生的极小值也可能不同,故而容易陷入局部最优;BP 神经网络算法需对多个参数进行设置,且不存在固定办法,因此网络的拓扑结构确定困难,降低了网络训练的速度和学习效率。针对 BP 神经网络的不足,采用遗传算法(Genetic Algorithm, GA)优化的 BP 神经网络,结合两者的优势构造既有学习、记忆和非线性映射能力,又有全局搜索能力的神经网络,从而提高算法收敛速度,并得到问题的全局最优解。

8.2 GA-BP 神经网络模型

GA-BP 神经网络模型预测步骤包含 BP 神经网络结构确定、遗传算法(GA)优化和 BP 神经网络预测 3 个部分。其中,BP 神经网络结构决定了遗传算法个体编码的长度,因此需根据拟合函数输入、输出参数的个数先确定出 BP 神经网络的层数和节点数;遗传算法优化过程中,需采用 BP 神经网络训练所得到的误差值作为适应度值,进而进行 BP 神经网络权值和阈值的优化,种群中每个个体都含有一个网络所有权值和阈值,个体通过适应度函数计算个体适应度值,遗传算法通过选择、交叉和变异等基本步骤搜索最优适应度值所对应的个体,并将最优的权值和阈值赋给对应的 BP 神经网络。BP 神经网络预测用遗传算法得到最优个体进行预测工作,如图 8.1 所示。

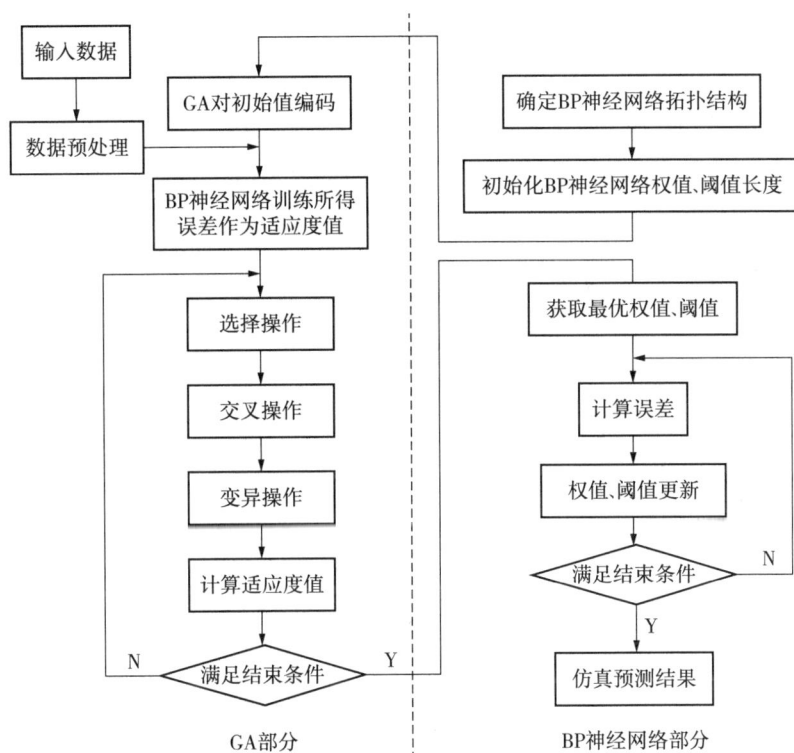

图 8.1　GA-BP 神经网络计算流程图

8.2.1　BP 神经网络模型

人工神经网络(Artificial Neural Networks, ANN)是从信息处理角度,对人脑神经元网络的一种抽象性描述,它由大量简单的处理单元(或称神经元)相互连接而构成,反映了人脑功能的许多基本特征,是一个由网络拓扑、节点和学习规则构成的数学模型。神经网络具有大规模并行、分布式存储和处理等特点,具有较强的自组织能力、自适应性和自学能力,因而特别适用于需考虑多因素、多条件的模糊问题的处理。

BP 神经网络(Back-Propagation Artificial Neural Networks,以下简称"BP 网络")是在 20 世纪 80 年代中期,由美国学者 Rumelhart 和 McClelland 等创立的一种按照误差反向传播算法训练的多层前馈神经网络。BP 网络具有较好的多维函数映射能力,能实现对多层神经网络隐含层连接权学习问题的解决,是目前应用最广泛的神经网络模型之一。它主要包括以下特点。

①网络结构。BP 网络结构一般由一个输入层、一个或若干个隐含层和一个输出层构成,输入和输出是并行的模拟量,网络输入和输出关系由各层权值决定,其拓扑结构是一个有向无环的向前网络,如图 8.2 所示。

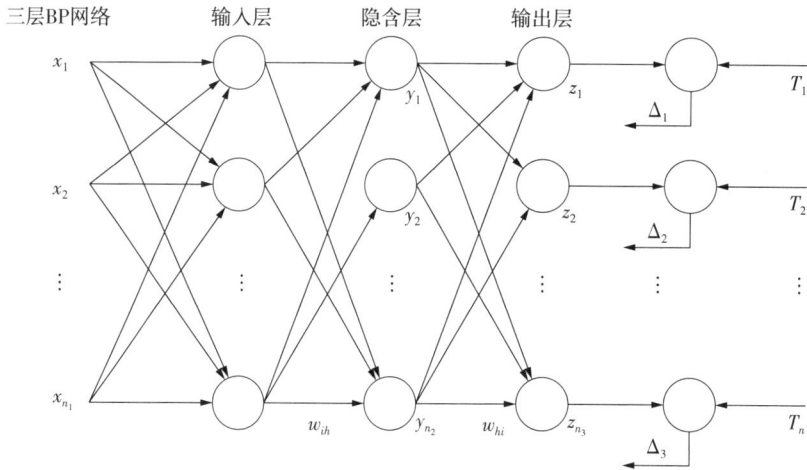

图 8.2　BP 网络模型结构

②传递函数。BP 网络传递函数必须处处可导,通常采用 S 型对数或正切传递函数和线性函数。当希望网络输出限制在 $[0,1]$ 之间,则输出层通常应包含 S 型传递函数。采用 S 型传递函数可处理非线性输入、输出关系。

③学习过程。采用反向传播学习算法,连接输入与输出层的权值大小通过误差性能函数进行调节。

8.2.2　算法原理与步骤

（1）BP 神经网络算法原理

BP 网络模型以网络实际输出值和期望输出值的误差平方为目标函数,利用梯度搜索技术,从输出开始反向传播模型实际输出与期望输出之间的误差,根据误差对权系数和阈值进行调整,以期获得目标函数的最小值。

BP 网络模型的运算包含模式正向传播、误差反向传播、网络记忆训练及网络学习收敛 4 个过程。在"模式正向传播"过程中,样本从输入层经由隐含层单元的处理,向输出层顺向传播;当网络实际输出与期望输出之间出现偏差时,则误差信号由输出层按误差函数的负梯度方向进入"误差反向传播"过程;"模式正向传播"与"误差反向传播"反复交替,对各层神经元权系数进行多次修正,即对网络的"记忆训练"过程;经过反复训练,误差函数趋于极小值,完成网络的"学习收敛"过程。

（2）BP 神经网络模型训练步骤

第一步,网络的初始化。根据系统的输入向量 $X = (x_1, x_2, \cdots, x_m)^T$ 和输出向量 $Y = (y_1, y_2, \cdots, y_n)^T$ 来确定网络输入层、隐含层及输出层的节点数。对连接输入层和隐含层、隐含层和输出层神经元之间的权系数 w_{ij}、w_{jk},以及隐含层和输出层的阈值 a_j、b_k 进行初始化,确定学习速率 η 和神经元激励函数 $f(x)$。

第二步,隐含层节点的输出。设隐含层节点输出为 H,则 H 的计算公式为:

$$H_j = f\left(\sum_{i=1}^{n} w_{ij}x_i - a_j \right), \qquad (j = 1, 2, \cdots, l) \tag{8-1}$$

式中,$f(x)$ 为隐含层激励函数,其有多种表达形式,通常选取 S 型的对数函数:

$$f(x) = \frac{1}{1 + e^{-x}} \tag{8-2}$$

式(8-1)中,w_{ij} 为输入层与隐含层间连接权系数,x_i 为输入值,a_j 为隐含层阈值。

第三步,输出节点的输出。通过隐含层节点的输出 H,隐含层与输出层之间的连接权系数 w_{jk},以及输出层阈值 b_k,计算 BP 神经网络预测的输出节点 O,其计算公式为:

$$O_k = f(\sum_{j=1}^{l} w_{jk}H_j - b_k), \qquad (k = 1,2,\cdots,m) \qquad (8\text{-}3)$$

第四步,误差节点的输出。根据网络预测输出 o 与期望输出 y 之间的差值,计算网络预测误差 e,具体计算公式为:

$$e = \frac{1}{2}\sum_{k=1}^{m}(y_k - o_k)^2, \qquad (k = 1,2,\cdots,m) \qquad (8\text{-}4)$$

第五步,权系数的修正。根据网络预测输出与期望输出之间的误差 e,修正输入层与隐含层、隐含层与输出层之间的连接权系数 w_{ij}、w_{jk}。

权系数修正的计算公式为:

$$w_{ij}(t + 1) = w_{ij}(t) + \eta H_j(1 - H_j)x(i)\sum_{k=1}^{m}w_{jk}e_k, \quad (i = 1,2,\cdots,n; j = 1,2,\cdots,l)$$

$$(8\text{-}5)$$

$$w_{jk}(t + 1) = w_{jk}(t) + \eta H_j e_k, \qquad (j = 1,2,\cdots,l; k = 1,2,\cdots,m) \qquad (8\text{-}6)$$

第六步,修正阈值。根据网络预测输出与期望输出之间的误差 e,修正隐含层阈值 a 与输出层阈值 b。

修正阈值计算公式为:

$$a_j = a_j + \eta H_j(1 - H_j)\sum_{k=1}^{m}w_{jk}e_k, \qquad (j = 1,2,\cdots,l) \qquad (8\text{-}7)$$

$$b_k = b_k + e_k, \qquad (k = 1,2,\cdots,m) \qquad (8\text{-}8)$$

第七步,判断网络最终收敛时,网络预测输出与期望输出有没有无限接近。若满足 $E_A < \varepsilon, (\varepsilon > 0)$,或达到最大学习次数,则网络的学习与训练完毕;否则则返回第二步继续新的一轮学习,直到结束。

8.2.3 BP 神经网络设计与优化

BP 网络模型建立的关键在于网络规模的确定,即网络的层数、各层神经元的个数、网络的学习速率等。通常问题越复杂网络层次越多、神经元个数越多,网络训练的步数也越多,且适当增大网络规模可提高网络学习的泛化能力。BP 网络设计通常有以下原则:

（1）网络节点的确定

网络输入层神经元节点数就是系统的特征因子(自变量)个数,输出层神经元节点数即系统目标个数。隐含层可有多层,但习惯上选用一层。隐含层节点数的选取直接影响着神经网络模型的性能,但目前尚无确定的方法,最基本的确定原则是:在满足模型精度的条件下尽可能让模型结构紧凑,即使节点数尽可能较少。研究表明输入层的节点数影响着隐含层的节点数,一般认为隐含层节点数以输入层节点的 1.2～1.5 倍为宜。或可根据以下经验公式来确定隐含层的最佳节点数:

$$l = \sqrt{(m+n)} + \alpha, \qquad \alpha \in [0,10] \tag{8-9}$$

式中,l 为隐含层节点数,m 为输入层节点数,n 为输出层节点数,α 取整数。在实际神经网络的建模过程中,首先可根据式(8-9)中的公式来确定隐含层节点数的大致范围,再用试凑法在实验中确定出最合理的节点数。

（2）初始权值的确定

初始权值一般在（-1,1）之间随机取值。威得罗等人通过分析两层网络对一个函数的训练,提出初始权值的确定方法:初始权值的量级为 $\sqrt[r]{s_1}$,其中 r 为输入的元素个数,s_1 为隐含层神经元的个数。利用这一方法可以通过较少的训练次数得到较满意的训练结果。

本书通过 Matlab 工具箱中的 initnw(net, i)函数来初始化隐含层的权值。

（3）最小训练速率设置

在 BP 神经网络中,训练速率太大,容易导致权重变化过大而影响网络的稳定性;训练速率过小又将使网络收敛较慢。一般情况下,训练速率设在 [0.01,0.8] 之间,以确保网络的稳定性。

传统 BP 网络算法利用误差梯度下降不断对权值进行调整,直到误差不再改变为止,属于一种简单静态寻优的方法,该方法可能出现局部极小问题。因此,本书将自适应学习速率与动量法相结合,在通过自适应学习速率的基础上附加一个动量因子,每次状态转移不仅取决于当前梯度,又受上次梯度变化方向的影响,即实际权值的调整量等于在本次权值变化的基础上加上一项上一次权值变化量的值。此方法既提高了收敛速度,又增加了网络的平稳性,同时减少了误差曲面局部的敏感性,避免了陷入局部极小值。

自适应学习速率权值调整计算公式如下:

$$\eta(t+1) = \begin{cases} 1.05\eta(t) & SSE(t+1) < SSE(t) \\ 0.7\eta(t) & SSE(t+1) > 1.04(t) \\ \eta(t) & 其他 \end{cases} \tag{8-10}$$

附加动量法权值调整计算公式如下:

$$\Delta w_{ij}(t+1) = (1-mc)\eta \cdot \delta_i p_j + mc\Delta w_{ij}(t) \tag{8-11}$$

$$\Delta b_i(t+1) = (1-mc)\eta \cdot \delta_i + mc\Delta b_i(t) \tag{8-12}$$

式(8-11)与式(8-12)中,t 为训练次数,mc 为动量因子,一般取值为 0.95 左右。

本书通过 Matlab 工具箱中的 trainbpx.m 函数实现自适应学习速率与附加动量结合法的应用。

(4)期望误差确定

将两个在(0.001 ~ 0.000 01)的不同期望误差值代入网络进行训练,对比训练结果确定合适的期望误差值。

(5)迭代次数

一般取为 1 000。但神经网络计算难以保证迭代结果在各种参数配置下收敛,当不能收敛时,允许最大迭代次数。

(6)Sigmoid 参数

神经元激励函数形式通过该参数调整,一般在 0.9 ~ 1.0 取值。

（7）数据转换

在 DPS 系统中，可通过取对数、平方根转换和数据标准化等方法对输入层各节点的数据进行转换。

8.2.4　遗传算法

（1）遗传算法原理

遗传算法（Genetic Algorithm，GA）是 20 世纪六七十年代由美国 Michigan 大学 Holland 教授借鉴达尔文生物进化的基本原理，模拟生物自然选择和遗传学机制提出的一种并行、随机搜索最优解的计算模型。它仿照基因编码，按照适者生存和优胜劣汰的原理，逐代演化产生出不断优化的近似解。每一代群体根据个体的适应度函数，并借助自然遗传学的遗传算子进行组合交叉和变异，筛选出适应度更优的种群。由此产生类似生物界的进化过程，新的种群既继承了上一代群体的信息，又比上一代更加适应环境，最终种群中的最优个体通过解码，成为问题的近似最优解。

遗传算法可对结构对象直接进行操作，因此没有求导与函数连续性等限制条件，具有并行性以及全局寻优的能力；随机化自适应寻优方法的应用，不需要指导规则的限制，能自动获取搜索空间，并自适应地在参数空间中进行高效搜索。

（2）遗传算法实现步骤

遗传算法的操作步骤主要包含种群初始化、建立适应度函数、选择操作、交叉操作和变异操作 5 个步骤。

①种群初始化。实数编码的遗传算法可避免编码和解码过程，能大大提高计算的精度和运算速度。因此，本书采取实数编码方法进行个体编码，即每个个体均为一个实数串，由输入层与隐含层之间的权值、隐含层阈值、隐含层与输出层之间的权值、输出层阈值 4 个部分组成。编码长度 l 计算公式如下：

$$l = I_N \times H_N + H_N + H_N \times O_N + O_N \tag{8-13}$$

式中，I_N、H_N、O_N 分别为 BP 神经网络输入层、隐含层及输出层节点数。

②建立适应度函数。适应度函数即目标函数。将 BP 神经网络训练后得出的所有样本的预测系统输出与期望输出之间的误差平方和 E 作为个体适应度值 F，计算公式为：

$$F = \frac{1}{2} \sum_{j=1}^{m} \sum_{i=1}^{n} (y_i - o_i)^2 \tag{8-14}$$

式中，k 为系数，n 为网络输出节点数，m 为样本点个数，y_i 为 BP 神经网络第 i 个节点的期望输出，o_i 为 i 个节点的预测输出。

③选择操作。本书基于适应度比例的选择策略，采用轮盘赌选择法进行选择操作。第 i 个个体的选择概率 p_i 的计算公式为：

$$f_i = \frac{k}{F_i} \tag{8-15}$$

$$p_i = \frac{f_i}{\sum_{j=1}^{N} f_i} \tag{8-16}$$

式中，k 为系数，F_i 为第 i 个个体的适应度值，N 为种群个体的数量。

④交叉操作。因种群初始化过程中采用的是实数编码，因此交叉操作采用实数交叉方法。则第 p 个染色体 a_p 和第 q 个染色体 a_q 在 j 位的交叉操作公式如下：

$$\begin{cases} a_{pj}(t+1) = a_{pj}(t)(1-b) + a_{qj}(t)b \\ a_{qj}(t+1) = a_{qj}(t)(1-b) + a_{pj}(t)b \end{cases} \tag{8-17}$$

式中，b 为在 $[0,1]$ 间取值的随机数。

⑤变异操作。对第 i 个个体的第 j 个基因 a_{ij} 进行变异操作，计算公式如下：

$$a'_{ij} = \begin{cases} a_{ij} + (a_{ij} - a_{up}) \times f(g) & r > 0.5 \\ a_{ij} - (a_{low} - a_{ij}) \times f(g) & r \leqslant 0.5 \end{cases} \tag{8-18}$$

式中，$f(g) = r'\left(1 - \dfrac{g}{G_{max}}\right)$，$a_{up}$ 为基因上界，a_{low} 为基因下界，g 为当前迭代次数，

G_{max} 为最大进化次数，r、r' 为在 $[0,1]$ 间取值的随机数。

（3）遗传算法参数的设置

①种群个体数设置。较大的种群数量，会增大计算量，降低学习效率；但个体总数过少，会减少 GA 种群的处理模式，容易出现早熟。种群的规模一般在 30 ~ 300 内取值。

②最大迭代次数的设置。最大迭代次数是训练终止的条件之一。一般在 50 ~ 1 000 内取整数。

③交叉概率的设置。GA 新个体产生于遗传过程中的交叉运算。如果交叉概率太大，意味着种群进化中个体间产生更多的交叉，不利于新个体的产生；而交叉概率过小，同样会降低种群产生新个体的可能性。实际中交叉概率一般在 0.1 ~ 0.9 内取值。

④变异概率的设置。变异概率是染色体基因变异可能性的决定因素，合适的变异概率可以让种群在进化过程中突变出具有优良基因的新个体，并抛弃不良信息。较大变异概率使种群变化速度加快，可能破坏已有优良基因；变异概率取值较小，则种群进化减缓。变异概率影响着数据的离散程度。其取值一般介于 0.001 ~ 0.2。

8.3　人地系统协调发展演化模拟

根据前文建立的人地系统协调发展指标体系，以及云南少数民族地区人地系统协调发展测度与分析结果，采用上述 GA-BP 神经网络模型，对区域人地系统协调发展演化趋势进行预测。为增强模型的鲁棒性，本书采用贝叶斯框架，通过正则化和初期终止的方法对网络进行训练。本书预测时间跨度为 2018—2025 年。预测结果仅表达系统按照 1995—2017 年演化机理所模拟的变化趋势，而非精确的实际情况。

根据区域人地系统协调发展指标体系(表6.1),区域人地系统协调发展状态主要由自然子系统中5个指标、经济子系统中5个指标及社会子系统中6个指标来控制。本书以红河人地系统协调发展演化趋势为例来说明本书预测模型主要的建模方法、步骤和预测过程。其他地区人地系统协调发展演化趋势模拟方法与此相同,因此不再重述模拟过程,仅给出最终模拟结果。

8.3.1 训练样本库的构建

构建ANN模型需要大量的训练样本以提高系统的泛化能力。若以1995—2015年数据作为训练样本有可能影响模型的稳定性,需采用插值法来插补训练样本。常用的数据插补方法有抛物线法、牛顿法、分段法等,但这些方法难以保证整条曲线在插值点上的光滑性。3次样条插值法生成的插值曲线具有较高的光滑性,且曲率不会产生突变。因此,本书选取3次样条插值法,以1995—2015年的面板数据作为插值节点,将插值曲线上充足的插值点和实际节点作为模型构建的训练样本。利用Matlab样条工具箱中的函数spapi()生成B样条曲线,并产生插值点,从而构建新的网络学习样本。

基于3次样条插值计算,可获得人地系统协调发展测度指标体系3个子系统中16指标的插值点与插值曲线。本书仅列出红河社会子系统6个指标插值曲线,如图8.3所示。

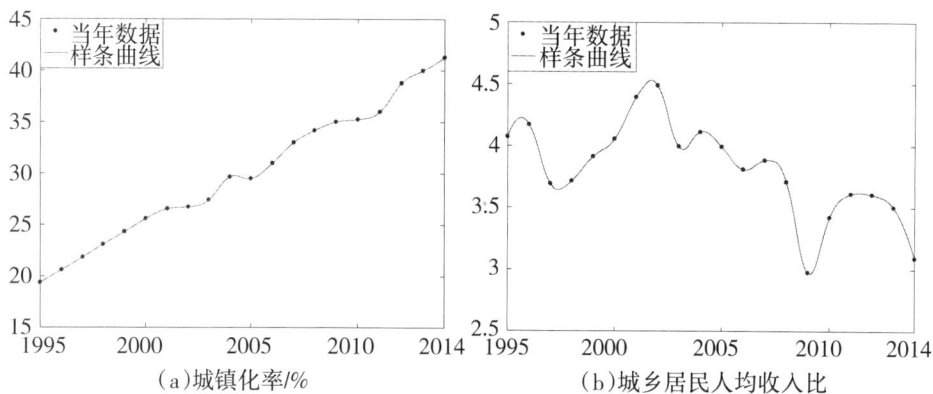

(a)城镇化率/%   (b)城乡居民人均收入比

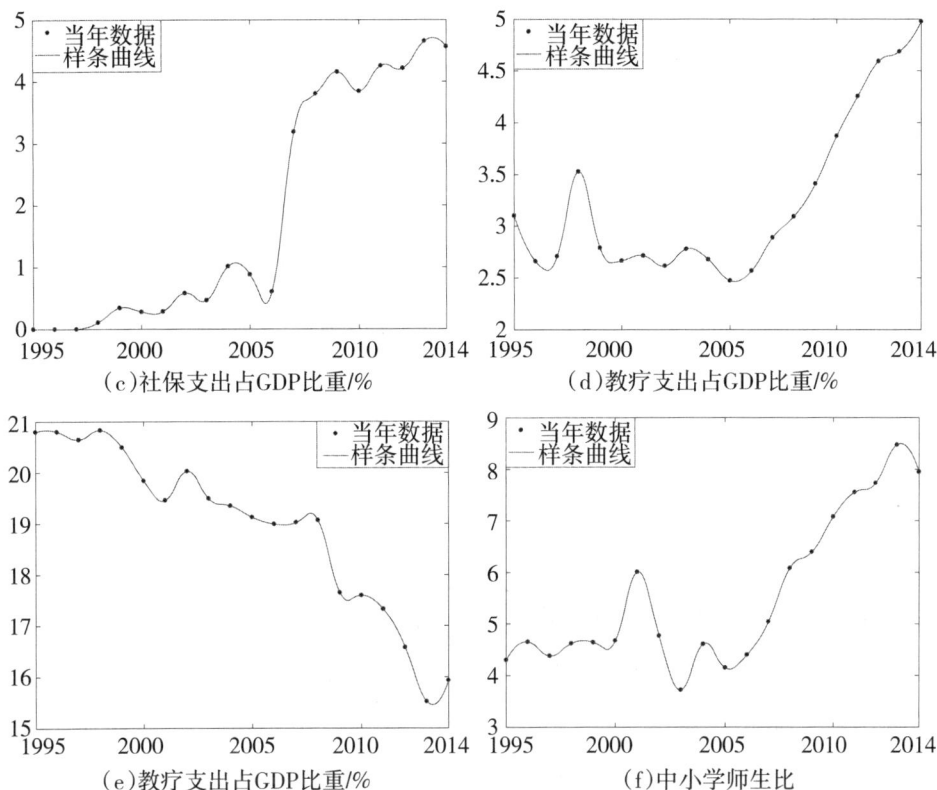

（c）社保支出占GDP比重/%　　　（d）教疗支出占GDP比重/%

（e）教疗支出占GDP比重/%　　　（f）中小学师生比

图 8.3　1995—2017 年红河社会子系统指标数据三次样条插值曲线

图 8.3 中曲线上的点即为网络的训练样本点。其他系统输入变量及输出变量均采取相同的插值方法构建训练样本。将以上经 3 次样条插值得到的 1 000 个样本用于 BP 网络模型的构建,通过模型预测输入变量变化情况,从而模拟系统未来发展趋势。

8.3.2　样本数据归一化处理

为避免净输入的绝对值过大而引起神经元输出出现饱和现象,提高网络的泛化能力和训练速度,将学习样本进行归一化,统一量化到 [-1,1] 之间。采用以下计算公式进行样本数据归一化处理。

$$y = 2 \frac{x - x_{\min}}{x_{\max} - x_{\min}} - 1 \qquad (8\text{-}19)$$

式(8-19)中, x 为原始向量, $x_{\max}$、$x_{\min}$ 分别为 x 的最大值和最小值, y 为 x 经归一化处理后的数据。

本书采用 Matlab 中的函数 mapminmax( )来实现。模型运行结束后,再用同一函数对结果进行反归一化处理,转化为原来的量纲和量级。

8.3.3 GA-BP 预测模型构建

时间序列的预测任务可以描述为通过历史时间序列 $\{x_1, x_2, \cdots, x_m\}$ 来预测接下来的 n 个值 $\{x_{m+1}, x_{m+2}, \cdots, x_{m+n}\}$ 的过程, n 为预测期。经多次 trial-and-error 实验,BP 神经网络输入层神经元的个数为 3 个时较为合适,在此基础上减少或增加该层神经元的数目不能明显提升预测精度。因此,本书令 $m = 3$, $n = 1$,使用前 3 个数据来预测下一个数据的值,即输入样本为 $\{x_i, x_{i+1}, x_{i+2}\}$,输出样本为 x_{i+3},其中 i 为 $[1, 997]$ 之间的整数。样本集中所有的“输入-输出”都根据该策略进行组织,并最终由 1 000 个样本点构成 997 组“输入-输出”样本集。为避免简单随机抽样中出现样本特性过于集中或某些样本被遗漏的情况,通过等距分层抽样法将上述 997 组数据集划分为训练集和测试集,以增强训练样本的代表性,减小预测误差。即将相邻的每 4 个数据集划为一层,选取每层中第四组数据集为测试样本,其余为训练样本。由此,训练集由 748 组数据点组成,测试集由 249 组数据点组成,约分别占样本总数的 3/4 和 1/4。

根据式(8-19),将 BP 神经网络隐含层神经元的个数设置为 4,采用含有一个隐含层的神经网络结构,建立拓扑结构为“3-4-1”的三层 BP 神经网络。输入层与隐含层神经元选用 Sigmoid 函数的 Tansig 型传递函数,隐含层与输出层神经元选用线性 Purelin 型传递函数;训练函数选用基于 Bayesian 框架的 Trainbr 函数,学习函数选用 Learngdm 函数,性能函数选用 msereg 函数。由随机函数产生介于(−1,1)之间的随机数作为初始权值。GA-BP 模型采用与 BP 神经网络相同的网络结构。因此,遗传算法的编码长度 l 为 21[式(8-13)]。取 BP 神经网络误差平方和 E 作为个体适应度值 F[式(8-14)]。交叉概率在 $[0.4,0.99]$ 区间内取值,变异概率在 $[0.000\ 1,0.1]$ 区间内取值。经上述设计,构建 GA-BP 预测模型。

8.3.4　预测模型的检验

将样本集数据组代入网络中进行训练,并测试网络的泛化能力,根据训练的结果与实际值的对比实验结果,不断地调整网络的各个参数值,直到最终满意为止。模型的统计检验采用 $[0,1]$ 检验,将测试样本点的值代入训练好的网络中,将得到的输出结果与标准化后的实际测量值在 MATLAB 中作回归分析,检验模型的有效性。并将 2016 年和 2017 年各指标的实际数据与预测数据作对比实验,对模型进行行为一致性检验,检验结果见表 8.1。

表 8.1　红河人地系统协调发展演化预测模型的有效性检验

指标	2016 年			2017 年		
	实际值	预测值	误差/%	实际值	预测值	误差/%
工业废水排放量/万吨	3 900	3 915	0.39	1 200	3 657	204.77 *
工业废气排放量/亿立方米	2 856	2 705	5.26	1 629	1 851	13.65
工业固体废物产生量/万吨	1 826	1 662	8.98	1 287	1 221	5.08
工业固体废物综合利用率/%	44.78	43.12	3.71	44.49	44.78	0.65
造林面积/千公顷	25.6	30.14	17.73	31.3	36.65	17.09
社会消费品零售总额/亿元	366	368	0.53	411	406	1.38
固定资产投资/亿元	2 106	2 104	0.09	2 533	2 547	0.54
人均 GDP/元	28 588	28 545	0.15	31 479	31 442	0.12
对外贸易进出口总额/亿美元	20.15	19.36	3.92	36.66	39.61	8.04
第三产业占 GDP 比重/%	38.80	39.07	0.70	38.30	39.33	2.69
城镇化率/%	45.05	45.12	0.15	46.74	47.64	1.93
城乡居民人均收入比	3.00	3.01	0.20	2.97	2.98	0.30

续表

指标	2016 年			2017 年		
	实际值	预测值	误差/%	实际值	预测值	误差/%
社保支出占 GDP 比重/%	4.78	4.74	0.85	4.80	4.83	0.70
教疗支出占 GDP 比重/%	8.85	8.44	4.64	8.80	9.49	7.85
千人床位数/张	5.72	5.74	0.38	6.10	6.08	0.27
中小学师生比	15.71	15.81	0.67	15.40	15.43	0.17

备注：∗2017 年工业废水排放量实际值骤减,与历史数据变化规律不符,因此预测误差较大。

从表 8.1 中看出,预测值和实际值之间偏差较小。其中,最大相对误差为 17.73%,最小相对误差为 0.09%。因此,可认为本书所建 GA-BP 预测模型通过一致性检验,能用于预测云南资源型地区人地系统协调发展指标数据变化趋势。预测结果见表 8.2—表 8.4。

表 8.2　2018—2025 年红河人地系统协调发展指标预测结果(自然子系统)

年份	工业废水排放量/万吨	工业废气排放量/亿立方米	工业固体废物产生量/万吨	工业固体废物综合利用率/%	造林面积/千公顷
2018	3 386.58	1 860.48	1 069.84	45.67	32.45
2019	3 102.81	1 675.88	934.39	47.01	40.74
2020	2 805.87	1 522.04	824.08	47.83	40.25
2021	2 497.62	1 394.35	742.62	48.78	39.76
2022	2 185.24	1 289.21	688.21	49.33	39.28
2023	1 886.03	1 203.71	656.39	49.82	39.79
2024	1 629.42	1 135.42	642.54	49.97	39.30
2025	1 449.05	1 082.26	642.75	50.01	39.81

表 8.3　2018—2025 年红河人地系统协调发展指标预测结果（经济子系统）

年份	社会消费品零售总额/亿元	固定资产投资总额/亿元	人均 GDP/元	对外贸易进出口总额/亿美元	第三产业占 GDP 比重/%
2018	50.6	2.96	4.93	8.94	6.37
2019	53.46	2.95	5.04	9.99	6.58
2020	55.51	2.93	5.15	9.47	6.7
2021	56.22	2.92	5.28	10.35	6.72
2022	55.54	2.9	5.41	9.92	6.66
2023	54.77	2.89	5.54	10.52	6.54
2024	55.96	2.88	5.65	10.18	6.38
2025	57.38	2.87	5.73	10.53	6.2

表 8.4　2018—2025 年红河人地系统协调发展指标预测结果（社会子系统）

年份	城镇化率/%	城乡居民人均收入比	社保支出占 GDP 比重/%	教疗支出占 GDP 比重/%	千人床位数/张	中小学师生比
2018	50.6	2.96	4.93	8.94	6.37	14.93
2019	53.46	2.95	5.04	9.99	6.58	14.39
2020	55.51	2.93	5.15	9.47	6.7	13.86
2021	56.22	2.92	5.28	10.35	6.72	13.37
2022	55.54	2.9	5.41	9.92	6.66	12.93
2023	54.77	2.89	5.54	10.52	6.54	12.59
2024	55.96	2.88	5.65	10.18	6.38	12.36
2025	57.38	2.87	5.73	10.53	6.2	12.25

　　按红河人地系统协调发展演化趋势的建模方法、步骤和仿真过程,对于其他 7 个地区人地系统 2018—2025 年协调发展水平各项指标演化情况进行预测。

8.4 协调发展水平模拟结果分析

8.4.1 协调发展水平模拟结果

根据第 6 章中建立的云南资源型地区人地系统协调发展水平测度模型及本章各项指标预测结果,为便于模拟结果与历史数据之间的对比分析,加入 2017 年数据,对照 2017 年测度结果对楚雄、红河、文山、西双版纳、大理、德宏、怒江、迪庆 8 个地区人地系统协调发展水平进行模拟分析,利用 DEA 模型对各决策单元的综合效率进行测算。计算结果见表 8.5—表 8.12。

表 8.5　2018—2025 年楚雄人地系统协调发展水平预测结果

年份	子系统发展度(T)			协调度(C)	协调发展度(D)	综合效率(θ)
	自然(N)	经济(E)	社会(S)			
2017	0.64	0.38	0.25	0.64	0.52	1.00
2018	0.54	0.43	0.31	0.87	0.61	0.90
2019	0.53	0.48	0.36	0.93	0.65	0.78
2020	0.59	0.51	0.40	0.93	0.68	0.83
2021	0.54	0.53	0.44	0.97	0.70	0.76
2022	0.58	0.55	0.46	0.97	0.72	0.77
2023	0.54	0.56	0.49	0.99	0.72	0.76
2024	0.58	0.57	0.50	0.99	0.74	0.77
2025	0.57	0.58	0.51	0.99	0.74	0.83

表 8.6　2018—2025 年红河人地系统协调发展水平预测结果

年份	子系统发展度(T)			协调度(C)	协调发展度(D)	综合效率(θ)
	自然(N)	经济(E)	社会(S)			
2017	0.60	0.61	0.35	0.79	0.63	1.00

年份	子系统发展度（T）			协调度（C）	协调发展度（D）	综合效率（θ）
	自然（N）	经济（E）	社会（S）			
2018	0.45	0.65	0.39	0.78	0.61	0.92
2019	0.50	0.72	0.44	0.80	0.65	0.90
2020	0.51	0.75	0.46	0.81	0.67	0.85
2021	0.52	0.76	0.50	0.83	0.69	0.88
2022	0.53	0.78	0.52	0.84	0.70	0.86
2023	0.54	0.82	0.55	0.84	0.72	0.88
2024	0.55	0.84	0.55	0.83	0.72	0.88
2025	0.53	0.86	0.57	0.81	0.71	1.00

表 8.7　2018—2025 年文山人地系统协调发展水平预测结果

年份	子系统发展度（T）			协调度（C）	协调发展度（D）	综合效率（θ）
	自然（N）	经济（E）	社会（S）			
2017	0.39	0.28	0.36	0.95	0.57	1.00
2018	0.40	0.30	0.44	0.93	0.59	0.78
2019	0.38	0.34	0.48	0.94	0.61	0.63
2020	0.38	0.39	0.50	0.95	0.63	0.62
2021	0.37	0.42	0.54	0.93	0.64	0.63
2022	0.36	0.45	0.56	0.91	0.65	0.63
2023	0.36	0.46	0.58	0.89	0.64	0.62
2024	0.35	0.46	0.58	0.89	0.64	0.62
2025	0.34	0.47	0.59	0.87	0.64	0.70

表 8.8　2018—2025 年西双版纳人地系统协调发展水平预测结果

年份	子系统发展度（T）			协调度（C）	协调发展度（D）	综合效率（θ）
	自然（N）	经济（E）	社会（S）			
2017	0.69	0.27	0.35	0.59	0.51	1.00

续表

年份	子系统发展度(T)			协调度(C)	协调发展度(D)	综合效率(θ)
	自然(N)	经济(E)	社会(S)			
2018	0.46	0.29	0.45	0.89	0.60	1.00
2019	0.48	0.32	0.50	0.90	0.63	1.00
2020	0.49	0.35	0.55	0.90	0.65	1.00
2021	0.51	0.36	0.58	0.90	0.66	1.00
2022	0.52	0.38	0.61	0.90	0.67	1.00
2023	0.54	0.40	0.60	0.92	0.69	0.93
2024	0.53	0.42	0.60	0.94	0.70	1.00
2025	0.56	0.44	0.57	0.96	0.71	1.00

表 8.9 2018—2025 年大理人地系统协调发展水平预测结果

年份	子系统发展度(T)			协调度(C)	协调发展度(D)	综合效率(θ)
	自然(N)	经济(E)	社会(S)			
2017	0.85	0.29	0.23	0.76	0.50	1.00
2018	0.85	0.32	0.25	0.35	0.41	1.00
2019	0.81	0.34	0.31	0.50	0.49	0.88
2020	0.81	0.37	0.32	0.55	0.52	0.84
2021	0.81	0.38	0.35	0.59	0.55	0.84
2022	0.81	0.41	0.38	0.66	0.59	0.84
2023	0.81	0.42	0.41	0.70	0.61	0.84
2024	0.80	0.43	0.42	0.73	0.63	0.84
2025	0.79	0.44	0.44	0.76	0.65	0.88

表 8.10 2018—2025 年德宏人地系统协调发展水平预测结果

年份	子系统发展度(T)			协调度(C)	协调发展度(D)	综合效率(θ)
	自然(N)	经济(E)	社会(S)			
2017	0.54	0.41	0.46	0.96	0.67	1.00

续表

年份	子系统发展度（T）			协调度（C）	协调发展度（D）	综合效率（θ）
	自然（N）	经济（E）	社会（S）			
2018	0.55	0.44	0.59	0.95	0.71	0.74
2019	0.57	0.45	0.64	0.94	0.72	0.69
2020	0.56	0.47	0.69	0.93	0.73	0.68
2021	0.54	0.48	0.74	0.90	0.73	0.68
2022	0.53	0.50	0.77	0.88	0.73	0.68
2023	0.52	0.53	0.80	0.87	0.74	0.69
2024	0.51	0.54	0.82	0.85	0.73	0.68
2025	0.49	0.55	0.84	0.84	0.72	0.77

表 8.11　2018—2025 年怒江人地系统协调发展水平预测结果

年份	子系统发展度（T）			协调度（C）	协调发展度（D）	综合效率（θ）
	自然（N）	经济（E）	社会（S）			
2017	0.42	0.09	0.41	0.45	0.37	1.00
2018	0.38	0.11	0.53	0.43	0.38	1.00
2019	0.43	0.13	0.58	0.45	0.42	0.66
2020	0.44	0.14	0.61	0.47	0.43	0.65
2021	0.44	0.16	0.65	0.48	0.44	0.65
2022	0.44	0.17	0.67	0.49	0.46	0.65
2023	0.44	0.18	0.68	0.50	0.47	0.66
2024	0.43	0.20	0.68	0.52	0.48	0.67
2025	0.43	0.21	0.68	0.54	0.49	0.74

表 8.12　2018—2025 年迪庆人地系统协调发展水平预测结果

年份	子系统发展度（T）			协调度（C）	协调发展度（D）	综合效率（θ）
	自然（N）	经济（E）	社会（S）			
2017	0.60	0.20	0.27	0.48	0.41	1.00

续表

年份	子系统发展度（T）			协调度（C）	协调发展度（D）	综合效率（θ）
	自然（N）	经济（E）	社会（S）			
2018	0.44	0.22	0.38	0.81	0.53	0.77
2019	0.54	0.25	0.47	0.76	0.56	0.71
2020	0.57	0.27	0.40	0.76	0.56	0.66
2021	0.59	0.28	0.49	0.79	0.60	0.70
2022	0.60	0.29	0.43	0.78	0.59	0.74
2023	0.61	0.30	0.49	0.79	0.61	0.81
2024	0.60	0.30	0.41	0.78	0.58	0.72
2025	0.58	0.30	0.48	0.82	0.61	0.96

根据表8.5—表8.12绘制上述8个地区人地系统协调发展水平变化趋势图,如图8.4所示。预测结果显示,若不采取任何措施,按现有演化趋势,2018—2025年区域人地系统将呈如下变化:

①从发展度来看,自然子系统发展度有轻微波动,但总体上均呈现出不同程度的下降,8个地区自然子系统发展度平均得分由0.541下降到0.536;经济、社会子系统发展度总体呈现上升趋势,8个地区经济子系统发展度平均得分由2017年的0.316增长到2025年的0.481,社会子系统发展度平均得分由2017年的0.329增长到2025年的0.575。

②从协调度变化角度来看,仅大理、怒江协调度发展呈上升趋势,楚雄、西双版纳、迪庆协调度趋于平稳,红河、文山、德宏等地协调度在经历了平稳发展后出现下降趋势。

③从协调发展度变化角度来看,大理、怒江保持较缓慢的增长,但怒江协调发展度仍始终位于最末,2025年测度值仅为0.49,其他6个地区协调发展度均趋于平稳,测度值稳定在0.7左右。

④从协调发展效率角度来看,除红河、西双版纳外,其他6个地区普遍表现为DEA无效,与第7章"EDA无效的地区逐渐增多"的分析结论一致。

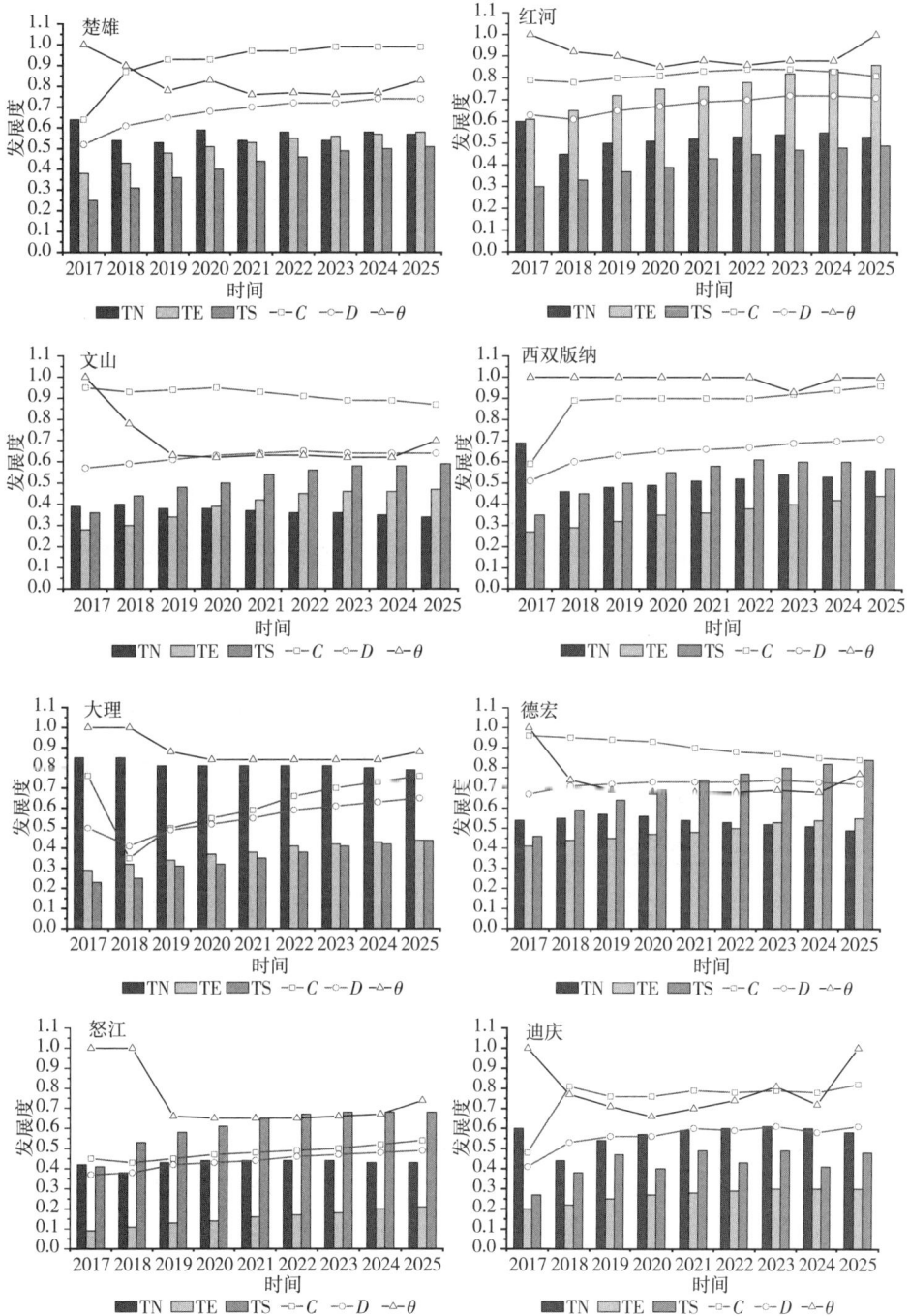

图 8.4　2018—2025 年云南资源型地区人地系统协调发展水平变化趋势

6 个非 DEA 有效的地区,仅文山存在自然子系统投入冗余,说明大部分地区工业污染得到一定程度的控制;但经济子系统投入冗余、自然子系统产出不足现象较普遍,说明各地区经济投资模式及资源循环利用率有待优化和提高,如图 8.5 所示。

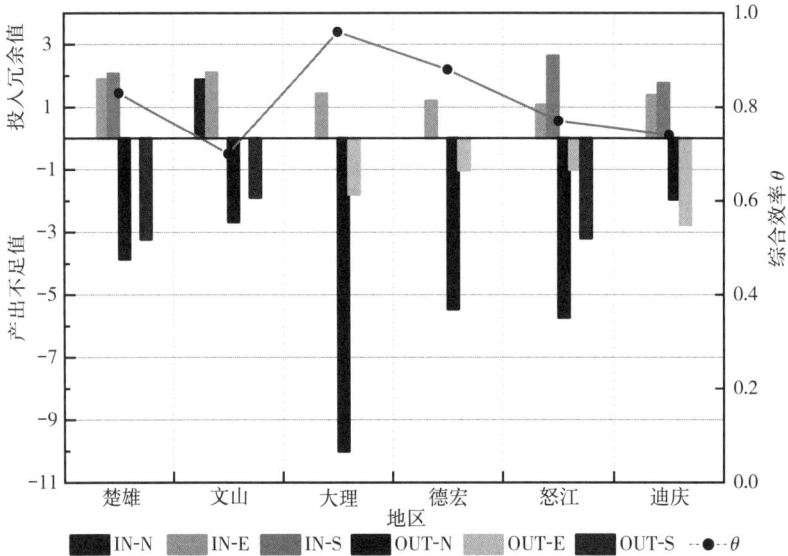

图 8.5 2025 年人地系统协调发展非 DEA 有效地区 Rm-Sm 情况

以上分析结果表明,上述地区 2018—2025 年人地系统将处于低效协调发展水平,且协调发展度呈下降趋势。

首先,本书预测结果反映的是按照 1995—2017 年区域人地系统协调发展状况表现出的演化机理模拟的变化趋势。1995—2017 年各地区基本处于经济、社会快速发展时期,总体经历了经济、社会子系统滞后型低投入低产出不协调发展阶段到经济、社会发展而自然子系统退化的高投入高产出的协调发展阶段。随着经济、社会的进一步发展,自然子系统将面临更大的压力。经济、社会子系统快速发展与自然子系统的不断退化呈现出低效协调发展,最终可能会由经济、社会发展而自然子系统退化的高投入高产出的协调发展阶段演化为强经济子系统、强社会子系统、弱自然子系统的不协调发展阶段,进而演化到弱经济子系统、弱社会子系统,弱自然子系统的失调不发展阶段。

其次,综合 1995—2017 年的历史测度值与 2018—2025 年的预测值来看,楚雄、红河、文山、西双版纳、大理、德宏、怒江、迪庆 8 个地区自然子系统发展度与经济、社会子系统发展度呈现出显著的负相关性,一定程度上说明云南经济、社会子系统是建立在自然资源、环境损耗的基础上发展起来的。由于自然子系统中能源的稀缺性与环境的不可逆性,以能源、环境的消耗为代价获得经济、社会发展的简单粗放发展模式必定是不可持续的。随着自然子系统中能源的消耗,环境的恶化,经济、社会子系统的发展也将受到牵制,增长速度减慢甚至下滑。经济、社会发展滞后型人地系统将演化为能源环境滞后型人地系统。

8.4.2　子系统发展度差异分析

根据楚雄、红河、文山、西双版纳、大理、德宏、怒江、迪庆 8 个地区人地系统协调发展度预测模拟结果(表 8.5),计算各地区 2018—2025 年 3 个子系统发展度的变异系数,见表 8.13,并根据计算结果绘制 8 个地区各子系统发展度相对差异趋势,如图 8.6 所示。

表 8.13　2018—2025 年云南资源型地区各子系统整体发展度变异系数

年份	2018	2019	2020	2021	2022	2023	2024	2025
自然子系统	0.276	0.222	0.221	0.222	0.221	0.223	0.225	0.228
经济子系统	0.443	0.437	0.414	0.398	0.384	0.386	0.384	0.384
社会子系统	0.183	0.152	0.189	0.170	0.183	0.170	0.187	0.167

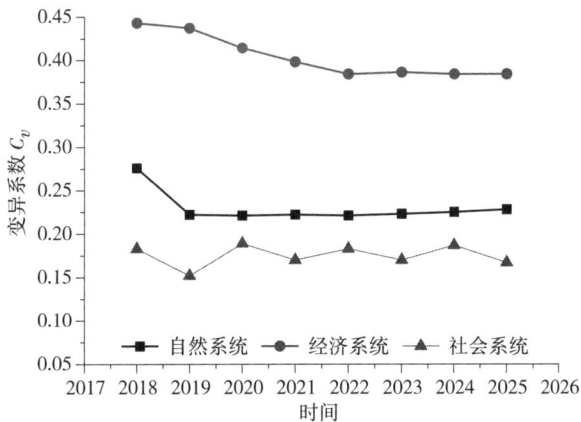

图 8.6　2018—2025 年云南资源型地区各子系统整体发展度相对差异趋势

由图 8.6 可知,8 个地区发展差异趋于平稳,自然子系统及社会子系统发展度地区差异较经济子系统差异小。2025 年,各地区自然、经济、社会 3 个子系统变异系数分别为 0.228、0.384、0.167。

8.4.3 协调发展类型分析

将预测的 2025 年楚雄、红河、文山、西双版纳、大理、德宏、怒江、迪庆 8 个地区人地系统协调发展度及各子系统发展度得分,分别划分为优良、中等、较差 3 个等级。

根据协调发展度测度值将 2025 年区域人地系统划分为优良协调(优良)、中等协调(中等)、中度失调(较差)3 个等级,进而结合子系统发展度细分为以下 6 个类型:均衡-优良协调发展型(楚雄);自然、社会子系统发展滞后-优良协调发展型地区(红河);自然子系统发展滞后-优良协调发展型(德宏);经济子系统发展滞后-优良协调发展型(西双版纳、大理);自然子系统发展滞后-基本协调型(文山);经济子系统发展滞后-轻度失调衰退型地区(怒江、迪庆)。

(1)楚雄属于均衡-优良协调发展型地区

2025 年,楚雄协调发展度测度值较高,3 个子系统发展度基本达到同一高度。但从各子系统纵向发展情况来看,1995—2015 年楚雄自然、经济、社会 3 个子系统的平均增长率分别为 1.12%、8.39%、5.49%,自然子系统发展速度明显低于经济、社会子系统,且大部分年份为负增长,2018—2025 年自然子系统发展度预测值均低于 2017 年。若生态环境不能得到有效保护,该地人地系统将向自然子系统滞后-协调发展型演化,甚至演化为系统失调。因此,楚雄在促进经济、社会发展的同时,必须注重对生态环境的保护力度,优先发展绿色产业,促进 3 个系统的协同发展。

(2)红河属于自然、社会子系统发展滞后-优良协调发展型地区

在 1995—2017 年的研究时间段内,红河的协调发展度一直保持平稳上升

趋势。自然子系统及社会子系统发展度平均增长值分别为 2.55% 和 5.18%，低于经济子系统(7.10%)，2018—2025 年自然子系统预测值甚至出现负增长。随着自然子系统发展度的下降，资源、环境存量的减小势必影响经济子系统的进一步发展。红河经济的发展并未带动社会的进步，社会发展仍处在相对滞后的状态。社会子系统同经济子系统间发展的差距在一定程度上反映出社会公共服务水平与经济发展的脱节。虽然社会总财富得到迅速积累，但社会成员并未分享到发展的成果，势必加大贫富差距，影响社会的公平与和谐，经济子系统也将因此失去良好的社会发展环境。红河应加大自然和社会子系统的发展力度，为人地系统高效协调发展创造良好的自然环境和社会环境。

（3）德宏属于自然子系统发展滞后-优良协调发展型地区

德宏自然子系统发展度则在 2014 年就滞后于经济、社会子系统，1995—2025 年自然子系统发展度平均增长率为 -0.25，2018—2025 年自然子系统增长率预测值均为负。2025 年虽然仍保持较好的协调发展度，但却呈现出明显的下降趋势，从 2023 年的 0.74 下降到 2025 年的 0.73。自然子系统质量的衰退将制约两地人地系统良好的发展趋势，进而成为经济、社会发展的约束力。因此，德宏在未来发展过程中应更加注重环境的保护，减少污染排放，提高资源的利用效率，促进自然子系统发展。

（4）西双版纳、大理属于经济子系统发展滞后-优良协调发展型地区

2016 年后，两地工业排放量大幅降低，工业废水排放量分别由 2015 年的 1 700 万吨、1 000 万吨降到 2017 年的 300 万吨、500 万吨，西双版纳、大理两地人地系统由中等协调发展演化为优良协调发展，但在此期间经济子系统发展速度也较之前平缓，2018—2025 年，人地系统进入由自然子系统滞后-优良协调发展向经济子系统发展滞后-优良协调发展的转变。这在一定程度上表现出自然子系统发展与经济、社会子系统发展的负相关关系。为促进 3 个子系统协同发展，两地应将经济发展质量作为未来发展的主要目标，在改善生态环境的同时，

实现经济发展新的突破。

（5）文山属于自然子系统发展滞后-基本协调型地区

1995—2010 年,文山经济、社会子系统发展度一直滞后于自然子系统发展度。文山社会发展起点较低,1995 年社会子系统发展度仅为 0.04,与同期社会发展较好的楚雄相差 0.3。但发展速度较快,1995—2017 年,社会子系统发展度平均增长率为 14.68%,2018—2025 年呈现出较好的增长趋势。同时,经济发展也逐渐加速,2016 年经济子系统发展度增长率由 2013 年的 5.52% 增长到 11.49%,但工业污染也急剧增加,工业废水排放量由 2 000 万吨增长到 3 600 万吨,工业废气由 479 000 亿立方米增加到 7 884 200 亿立方米。社会、经济增长的同时,环境质量受到较大负面影响,1995—2017 年,自然子系统平均增长率为-0.89%。2018—2025 年,人地系统逐渐由经济、社会子系统发展滞后-基本协调演化为自然子系统发展滞后-基本协调,人地系统协调发展状况没有根本性好转。该地区应在促进经济发展的同时注重生态环境质量的提高,避免"人""地"关系陷入此消彼长恶性循环圈。

（6）怒江、迪庆属于经济子系统发展滞后-轻度失调衰退型地区

怒江、迪庆经济子系统发展起点较低,1995—2017 年两地经济子系统发展度平均增长率分别为 11.86% 和 12.18%,从 2018—2025 年预测值来看也一直保持较好的增长势头,但 2025 年两地经济子系统发展度预测值仍居末位。鉴于两地大部分地区属于国家级或省级限制开发的生态保护区,两地应以促进自然子系统发展为主要工作目标,同时应通过绿色经济及政府生态补偿机制来带动地方经济发展。

8.4.4 协调发展度与综合效率等级划分

根据第 5 章中协调发展度与综合效率等级划分之间的匹配准则,对 2025 年 8 个地区协调发展情况作等级划分。

①红河属于一级匹配度最优的地区,表现为优良协调发展且综合效率有效,说明在现有发展模式下,2025 年红河人地系统将达到较为合理的投入产出比例。

②二级匹配度良好的地区有楚雄、西双版纳、大理,三地均表现为优良协调发展且综合效率较高,此类地区需进一步提升生产效率,加大技术投入力度,进一步提高资源的产出水平,促进投入要素与区域发展规模的匹配度。

③三级匹配度较差的地区有德宏、迪庆、文山、怒江,其中德宏表现为优良协调发展但综合效率偏低,迪庆表现为中等失调衰退但综合效率有效,文山表现为中等协调发展且综合效率偏低,怒江表现为中等失调衰退且综合效率偏低。此类地区要牢固树立协调发展的根本理念,以提升效率为核心,通过资源的有效利用来推动 3 个系统的协调发展。

8.5　本章小结

本章利用 BP 神经网络强大的学习和预测能力,建立了 BP 网络时间序列预测模型,对影响云南资源型地区人地系统发展变化的指标数据进行时间序列预测分析,并模拟系统未来协调发展的演化趋势。鉴于 BP 神经网络容易陷入局部最优的缺点,采用遗传算法来优化 BP 网络,利用两者的优势构造既有学习、记忆和非线性映射能力,又有全局搜索能力的神经网络,从而提高了算法的收敛速度以及网络的预测精度。并通过对比试验证明模型有效,能较好地完成对各项指标的预测任务。

将各项指标预测结果代入第 5 章中建立的云南资源型地区人地系统协调发展水平测度模型,对 2018—2025 年楚雄、红河、文山、西双版纳、大理、德宏、怒江、迪庆 8 个地区人地系统协调发展进行模拟分析。模拟结果表明:

①自然子系统发展度与经济、社会子系统发展度在一定程度上呈现出负相关性。自然子系统发展度总体上均呈现出不同程度的下降,8 个地区自然子系

统发展度平均得分由 0.541 下降到 0.536;经济、社会子系统发展度总体呈现上升趋势,8 个地区经济子系统发展度平均得分由 2017 年的 0.316 增长到 2025 年的 0.481,社会子系统发展度平均得分由 2017 年的 0.329 增长到 2025 年的 0.575。

②2018—2025 年,大理、怒江协调度呈上升趋势,协调发展度仍保持较缓慢的增长,楚雄、西双版纳、迪庆协调度趋于平稳,红河、文山、德宏等地协调度在经历了平稳发展后出现下降趋势,而协调发展度均趋于平稳,测度值稳定在 0.7 左右。

③2018—2025 年,云南资源型地区人地系统将处于低效协调发展水平,除红河外,其他 7 个地区普遍表现为 DEA 无效,与第 5 章中"EDA 无效的地区逐渐增多"的结论一致。

④根据协调发展度测度值及各子系统发展差异,将 2025 年区域人地系统划分为 6 个类型:均衡-优良协调发展型(楚雄);自然、社会子系统发展滞后-优良协调发展型地区(红河);自然子系统发展滞后-优良协调发展型(德宏);经济子系统发展滞后-优良协调发展型(西双版纳、大理);自然子系统发展滞后-基本协调型(文山);经济子系统发展滞后-轻度失调衰退型地区(怒江、迪庆)。

⑤根据协调发展度与综合效率等级划分之间的匹配准则,将优良协调发展且综合效率有效的红河划分为一级匹配度最优的地区;将优良协调发展且综合效率较高的楚雄、西双版纳、大理划分为二级匹配度良好的地区;将优良协调发展但综合效率偏低的德宏,中等失调衰退但综合效率有效的迪庆,中等协调发展且综合效率偏低的文山,中等失调衰退且综合效率偏低的怒江归为三级匹配度较差的地区。

9

云南资源型地区人地系统
协调发展演化作用分析

　　人地系统的发展受到自然子系统、经济子系统及社会子系统中多种因素的影响,在不同地域、不同发展阶段各因素的主导作用不同,因此人地系统发展轨迹在各自演化机理的作用下呈现出不同的演化特征。本章在前文人地系统协调发展水平测度的基础上,梳理影响人地系统演化的关键因素,融合人地系统发展的阶段性特征,诊断楚雄、红河、文山、西双版纳、大理、德宏、怒江、迪庆 8 个地区人地系统协调发展演化的作用机理。

9.1　人地系统协调发展演化过程分析

9.1.1　人地系统演化阶段划分

　　人地系统的演化具有明显的时空特征。人地系统存在于特定的空间范围内,其形成、发展和演化具有一定的阶段性。在不同的发展阶段,系统具有不同的特性。根据人地系统在不同阶段的发展特征可将其发展演化过程划分为以下 3 个阶段,如图 9.1 所示。

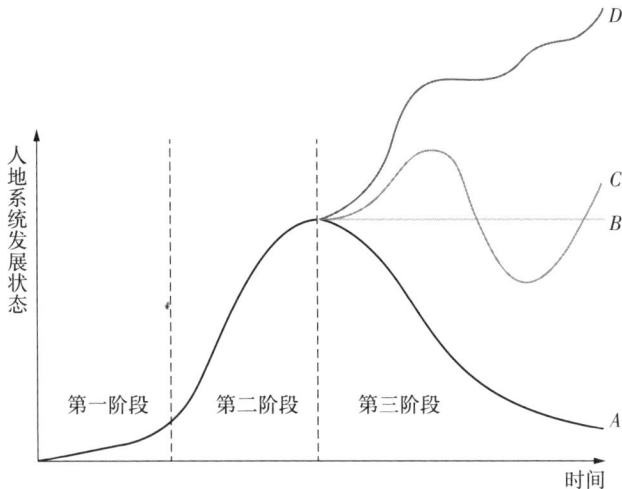

图 9.1　人地系统演化过程

分析图9.1，第一阶段，当正向因子起主导作用时，自然子系统对经济、社会子系统产生正反馈作用，随着人类生产活动与生活活动的增加及空间的扩大，对生态环境及自然资源的开发和利用程度不断加深。此时，经济、社会子系统发展在自然子系统阈值范围内，人地系统整体向有序方向发展，但演化规模小、速度缓，并维持在低水平状态。

第二阶段，经济、社会的发展速度加快，并消耗大量资源，自然子系统承载力将不断减小，资源储量及环境修复能力等原有利导因子转变为限制因子，对经济、社会子系统的发展速度产生抑制影响，此时人地系统的发展受到自然子系统阈值的限制。

第三阶段，此时，若不对人地系统采取任何的调控机制或人的调控和组织作用未正常发挥，当经济、社会子系统发展速度和规模超出自然子系统限制因子阈值，自然子系统对经济、社会子系统产生负反馈作用，人地系统矛盾增多，并将沿着 A 曲线的路径不断失调衰退；若对人地系统的无序化进程进行控制，将经济、社会子系统发展速度限制在自然子系统限制因子阈值范围内，自然子系统没有进一步衰退，但发展与保护的冲突依然存在，此时人地系统将沿着曲线 B 的路径逐渐趋于平稳，最终停止发展。若当人地系统进入资源枯竭、环境恶化等失调状态时，采取一定的优化措施缓和人地系统中的矛盾，但未使矛盾得到根本性解决，人地系统将沿着曲线 C 的路径徘徊在原有状态附近，无法实现质的飞跃。若当人地系统发展接近停滞状态后，采取合理的优化机制，从系统外部引入负熵流，新技术、新能源得以开发和利用，生态环境得到修复，人地系统将完成量的积累到质的变化，沿着曲线 D 的路径进入新一轮的发展，呈现螺旋上升的趋势。

9.1.2　人地系统各阶段演化特征分析

根据前文对经济发展阶段、人地系统演化过程及未来发展趋势的测度结果，将楚雄、红河、文山、西双版纳、大理、德宏、怒江、迪庆8个地区人地系统总体演化过程大致划分为 3 个阶段。20 世纪 80 年代以前,处于人地系统发展的第一阶段。1995 年上述 8 个地区基本进入人地系统发展的第二阶段,经济、社会加速发展。2018 年后,将进入人地系统发展的第三阶段,各地区人地系统发展趋势出现分化,大理、怒江协调度呈上升趋势,协调发展度仍保持较缓慢的增长,楚雄、西双版纳、迪庆协调度趋于平稳,红河、文山、德宏等地协调度在经历了平稳发展后出现下降趋势,而协调发展度均趋于平稳,测度值稳定在 0.7 左右。

（1）人地系统发展的第一阶段

这一阶段,8 个地区主要处于原始文明及农业文明时期。原始文明时期人口规模小,人类活动范围及改造自然能力有限。农业文明时期以农业发展为主,人类活动对自然的干预加大,但仍在自然系统承受范围内。20 世纪 80 年代以前,云南部分边远山区开发程度较低,传统农业在经济发展中占绝对优势,生产方式落后,工业基础极为薄弱,以农产品的初级加工为主。这一阶段,自然子系统中的地理环境条件和自然资源分布是人地系统发展的主导因素,对当地的农业产出产生正向影响。

（2）人地系统发展的第二阶段

这一阶段,8 个地区陆续进入工业文明时期。1995—2017 年,各地区逐步告别短缺经济,人地系统发展加速。1995—2000 年,即"九五"期间,云南省区域经济发展重点开始转向经济结构的调整,三次产业在 GDP 中的构成由 1990 年的 31.2∶34.9∶27.8 调整为 2000 年的 22.3∶43.1∶34.6,三次产业占比排序由"二、一、三"转变为"二、三、一",进入工业化的成长阶段。2000 年,西部大开发战略的实施推动了云南省工业化的进程。但云南初始经济、社会基础薄弱,工业化发展所依赖的主客观条件较差,只能依靠对本地资源的开发来实现经济的起步。同年,云南省确立了烟草、生物资源开发、矿产资源开发、旅游、电力五大支柱产业,各地区同外界的投入—产出联系逐渐增加。在外部需求增长的驱动下,当地经济结构发生了一定程度的调整,传统农业在经济发展中的主体地位进一步受到工业发展的冲击,人类的生产、生活活动对自然子系统的影响程度加深。由于产业格局的快速转变,尚未形成合理的资源开发利用机制,企业进入环保门槛低、市场不完善不可避免造成资源的低效率利用,污染的大量排放、资源的过度开采削减了自然子系统的环境、资源存量。在经济、社会发展的同时,各地区自然子系统也逐渐出现衰退势头。这一阶段,在经济、社会发展带来的污染、能耗等因素的作用下楚雄、红河、文山、西双版纳、大理、德宏、怒江、迪庆等地区人地系统经历了由经济、社会子系统滞后型-失调落后向自然、经济子系统滞后型-协调发展或自然子系统滞后型协调发展的转变。

(3)人地系统发展的第三阶段

2018—2025 年的预测结果显示,仅大理、怒江协调度呈上升趋势,协调发展度仍保持较缓慢的增长,楚雄、西双版纳、迪庆协调度趋于平稳,红河、文山、德宏等地协调度在经历了平稳发展后出现下降趋势,而协调发展度均趋于平稳,除红河外,其他 7 个地区普遍表现为 DEA 无效。在相同的系统效率下,自然子系统的衰退与经济、社会子系统的发展将同步出现(图9.2),当经济、社会子系统产出增长到 $N=0$ 的曲线上(路径 a),人地系统陷入自然子系统衰退与经济、社会子系统产出不足的相互影响中,沿图9.1中曲线 A 的路径演化。若提高系

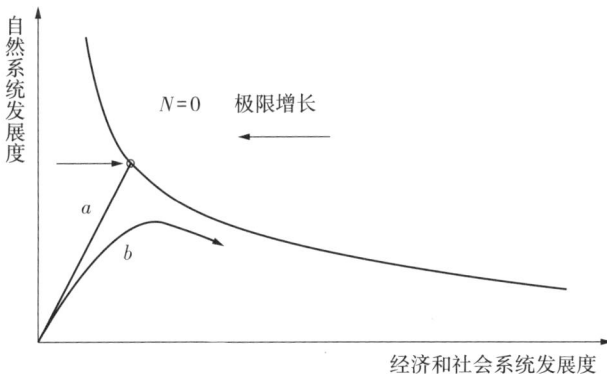

图9.2 人地系统增长极限

统的综合效率,使同等产出水平下的污染和能耗减少,并通过技术手段缓解资源、环境问题,自然子系统的衰退将伴随经济、社会的发展得到改善(路径 b),人地系统沿着图 9.1 中曲线 D 的路径进入新一轮的发展。因此,系统综合效率、科技水平将成为这一阶段人地系统演化路径分异的关键因素。

9.1.3 人地系统演化作用要素分析

人地系统协调发展的目标是实现系统效率的最大化,投入产出是系统内部作用的核心过程。其投入包含了自然子系统中的自然要素和人类经济、社会活动过程中的人文要素;产出是指各种自然要素和人文要素经系统消耗后得到的正产出和负产出,正、负产出融入原有自然系统,构成人类生产、生活的新环境。因此,人地系统的演化方向不仅取决于投入要素,同时受要素投入方式、系统产出等多方面的影响。

(1)人地系统演化过程中主导因素的演替

人地系统的演变是多种要素作用的结果,不同发展时期各要素作用强度不同。楚雄、红河、文山、西双版纳、大理、德宏、怒江、迪庆 8 个地区人地系统在第一阶段,主要受自然子系统中环境和资源禀赋因素的影响;第二阶段,社会经济发展加速阶段,自然子系统存量减小,污染、能耗成为阻碍系统良性发展的主导因素;第三阶段,协调度发展趋于平稳,系统综合效率、科技水平将成为系统演化路径分异的关键因素,如图 9.3 所示。

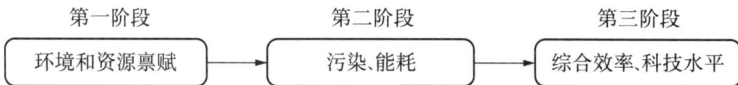

第一阶段	第二阶段	第三阶段
环境和资源禀赋	→ 污染、能耗	→ 综合效率、科技水平

图 9.3   主导因素演替

(2)自然子系统对经济子系统发展起主要支撑作用

在人地系统低水平发展及加速发展的初期,自然系统中的资源、能源、环境等要素是经济发展的基础,也是人地系统脱离低水平发展的重要条件。随着云南省工业化的发展,能源开发产业成为大部分地区的主要支柱产业,在短期内产生了巨大的经济效益。2007 年,云南省企业新增利润的 80% 以上来自生产规模的扩大和产品价格上涨。2007—2017 年,楚雄、红河、文山、西双版纳、大理、德宏、怒江、迪庆 8 个地区整体固定资产投资额增长幅度达到 73.6%。在依靠产能和规模扩张的经济发展过程中,资源的丰裕程度和开采规模决定了经济发展的规模。

(3)自然子系统发展受经济子系统发展影响深刻

在经济加速发展的同时,对自然资源的开发利用也不断深入,生态环境承载力受到冲击,自然子系统发展度与经济子系统发展度在一定程度上呈现出负相关性。自然子系统发展度总体上均呈现出不同程度的下降,楚雄、红河、文山、西双版纳、大理、德宏、怒江、迪庆 8 个地区自然子系统发展度平均得分由 0.541 下降到 0.536;经济子系统发展度总体呈现上升趋势,8 个地区经济子系统发展度平均得分由 2017 年的 0.316 增长到 2025 年的 0.481。当经济发展没有给予自然子系统相应的支付或补偿,经济增长的外部性对自然系统的负面影响逐渐积累,自然子系统发展逐渐滞后,人地系统的协调状态被打破。比如文山、大理、德宏等地 2017 年自然子系统发展度下滑,人地系统协调发展度也随之出现下降趋势。这也反映出,以自然资源为支撑的粗放式的发展方式具有较强的时效性、动态性和不可持续性,任何地区人地系统的可持续发展都必须走创新型道路,突破过度依赖资源的传统发展模式,增大自然系统阈值。

(4)进出口贸易对云南资源依赖型地区经济发展有较大推动作用

本书人地系统协调发展测度指标权重结果表明,对外贸易进出口总额在经济子系统中权重值较高,表明对外贸易能有力拉动地区经济发展。目前,楚雄、红河、文山、西双版纳、大理、德宏、怒江、迪庆 8 个地区对外贸易仍以初级产品出口为主,出口产品附加值不高,外贸总体水平较低。初级产品出口对经济增长的贡献率低于制成品出口,随着贸易逐步向高附加值制成品出口转变,对外贸易的发展将给云南经济增长带来更多的贡献。

（5）城镇化对社会子系统发展的促进作用

本书人地系统协调发展测度指标权重结果表明,城镇化率指标权重值较大,更能区分各地区之间社会发展水平的差异,研究过程表明城镇化率越高的地区社会子系统发展度越高。城镇化有利于协调生产要素及公共资源在城乡之间的合理流动和均衡配置,推动城乡基础设施建设及公共服务的一体化,进一步提升城乡居民生活质量和水平,使城乡居民在社会福利、公共卫生医疗教育、社会保障、劳动就业等方面享受平等权利,促进社会公平和共同富裕。

9.2 人地系统协调发展建议

9.2.1 加大自然子系统承载力

在生态文明战略的推动下,"既要金山银山,更要绿水青山"逐渐成为各级地方政府规划的重要内容。大部分地区"三废"排放增长率得到一定程度的控制,固体废物利用率也不断提高,但环境总体形势依然不容乐观。文山、德宏、怒江等地区环境系统的建设远远滞后于经济和社会子系统的发展,协调发展度得分较低,2018—2015 年预测结果显示各地区自然子系统发展度均呈现出不同程度的下降。2025 年,除红河、迪庆外,其他 6 个地区依然存在粗放式发展,DEA 测度中表现出自然子系统产出不足。随着我国工业化自东北向西南的推进,资源开发地人地关系迅速由农业社会模式向工业社会模式演进,人地冲突激增,污染问题将更加突出,节能减排压力也将增大,脆弱的生态环境条件更加剧了这些地区污染治理控制的难度。因此,区域人地系统发展过程中必须倡导崇尚自然、保护生态、绿色消费、节能环保,以增强区域自然子系统承载能力和综合容量。

（1）挖掘少数民族文化，强化公众环境保护意识

云南是一个多民族省份，少数民族自然崇拜的民族文化中存在环境保护的因素，注意挖掘少数民族自然崇拜中尊重自然、善待自然、节制欲望等合理因素，延续少数民族有益于保护生态的日常行为习惯，将云南少数民族传统文化与生态环境保护相结合，践行生态发展。同时，发挥舆论媒体的导向作用，将人类对环境的依存观、环境恶化的危机感、环境保护的责任感植入人心，使环境保护意识强化为一种自觉的行为习惯。通过学校教育，让青少年从小树立"人与自然和谐发展"的科学人地观念，培养正确的自然观、资源观、环境观及发展观。强化法律的约束效力，规范人们的日常行为。

（2）完善管理机制，加大生态恢复和保育力度

完善资源开发区资源环境审计制度，规范各责任主体职责范围，限制开发企业开发速度，杜绝过度采伐。对废旧矿、石资源开发区土地进行复垦和绿化修复，防止和治理不当开发带来的土地荒漠化、沙化、水土流失等地质灾害。加强"三废"处理技术研发，采用较为成熟的技术手段减少工业"三废"及生活垃圾对空气、水体和土地的污染。对于林业资源开发区，应建立有效的管理机制，根据资源的可再生周期制订合理的采伐计划，加大人工林地的种植培育，积极修复受损生态环境。重点管控水源保护区和自然保护区等限制开发区的土地利用，完善其生态功能，促进生态环境的良性循环。

（3）发展循环经济，倡导清洁生产和绿色消费

本书协调发展指标体系中，工业固体废物综合利用率对自然子系统发展度影响较大。这说明发展循环经济对云南生态环境、提高自然子系统发展度有着强大的推动作用。因此，应多措并举发展循环经济。促进企业由高消耗、高污染、低产出的粗放型生产方式向节能、降耗、减污的集约型生产方式转变。完善绿色产品标准、认证机制、激励机制，鼓励企业开发和生产有利于环境保护的产品满足市场需求。倡导绿色消费、理性消费以及共享理念，引导公民使用节能

产品,减少一次性商品使用,选择低碳出行。健全工业固体废物及生活垃圾的分类回收利用制度,建立和完善废品回收网点规划布局。促进农村绿色农业、生态农业发展,利用各地资源优势,推进太阳能、光能、生物沼气等可再生能源的利用技术。缓解城镇化、工业化过程中生态足迹的增速,增大生态的相对容量。

（4）发展环保产业,促进环境保护

环保产业的发展是保护生态环境、减少环境污染的技术保障。要加大对环保装备制造产业的发展,鼓励民众和企业都参与到环保产业发展领域中。加强对环保市场的监管,将竞争机制引入环保产业发展中,破除地方保护主义,推动环保产业的健康发展。同时,从技术发展方面增强环保产业发展的推动力量,积极引进并吸收国外先进技术手段,不断改进环保治理的技术水平。要规范环保产品的市场准入及运营机制,为环境保护提供有效保障。

9.2.2　优化经济子系统驱动力

云南是一个典型的资源经济大省,当前烟草加工业、生物资源开发产业、旅游业、矿产业、电力产业五大支柱产业均属于资源导向型产业。而云南的大部分资源又集中在楚雄、红河、文山、西双版纳、大理、德宏、怒江、迪庆等地,这些地区对资源的依赖程度较高。但资源的开发并未体现出对区域的经济发展和人民脱贫致富的推动作用,反而出现了经济结构失衡、接替产业乏力、人民生活贫困、发展不可持续等问题。因此,促进云南资源型地区经济发展,必须树立科学的资源观和政绩观,以资源开发利用的整体效率和人民脱贫致富的提高为目标,以资源开发的审计以及管理机制的建立和完善为着力点,以资源利用效益测度和分配体系,以及自然生态系统补偿机制的优化为手段,优化传统产业结构,构建现代产业体系,打破"资源开发—贫困—再开发—环境破坏—更贫困"的恶性循环链,协调好生态环境保护与资源开发利用之间的互利共赢,处理好

经济发展与生态发展之间的耦合互促,建立和谐且可持续的人地关系。

（1）制定差别化政绩考核标准

GDP 被称为"20 世纪最伟大发明"之一,用以反映一个国家或地区经济发展水平,但若将其视为衡量区域发展的唯一指标却有悖科学。GDP 不能客观反映民生福祉,不能全面考量人地系统发展质量,更不能有效统筹短期利益与长期利益的结合。习近平总书记"不以 GDP 论英雄",为树立科学的发展观和政绩观确立了新的导向。但在"GDP 至上"的思维惯性下,一些地方政府仍然错误地将"发展"理解为"增长"。因此,当前急需完善发展成果考核机制,构建涵盖经济发展、社会进步、环境保护等在内的完整的考核指标体系,正确拟合经济发展与民生保障、生态环境之间的关系。同时,应明确不同区域的主体功能定位,实行差别化考核制度。比如,怒江、迪庆两地在云南省主体功能区划中均属于以发展生态功能为主的限制开发区、禁止开发区和扶贫开发工作重点地区,此类地区生产总值考核项目应实行社会事业发展、民生改善、生态保护等绿色绩效测度机制。

（2）推动产业结构转型升级

云南资源型地区长期依赖资源开发及相关初级产品制造产业的发展,在资源开发挤出效应影响下,第一产业逐渐衰退,第三产业发展迟缓。2017 年,楚雄、红河、文山、西双版纳、大理、德宏、怒江、迪庆 8 个地区第一产业在国民经济中的平均比重由 1995 年的 35.23% 下降到 18.31%,而第三产业占比平均值仅为 47.14%。预测结果显示,到 2025 年,上述 8 个地区仍存在第三产业占比低于 45% 的情况。而目前世界主要发达国家第三产业占比达到 70% 以上,中等收入国家约为 60%,低收入国家约为 45%。以产业资源开发为主的单一的产业结构也将随资源的减少而失去对抗经济风险的能力。因此,必须推动资源型地区产业结构的转型升级,优化传统农业,积极发展现代服务业,提高工业发展科技含量,减轻能耗及污染对环境的压力。由于资源丰富、种类繁多,各地区需根据自身资源禀赋特点,建立多元化的产业结构,减少对资源开发产业的过度依赖,并发挥大型企业在产业链中的整合优势,促进各产业间的衔接,增加资源依赖型企业的附加值,减少资源浪费和环境污染。对于矿产资源型地区,引导和扶持企业进行矿产资源和产品的深加工、精加工,提高产品附加值,带动资源的深度开发和系列开发,拉长产业链条,提高生产水平,实现资源综合利用。对于农业资源型地区,可利用当地土地、气候、水源等农业基础优势,发展特色农业、生态农业。对于旅游资源型地区,应以观光旅游的发展带动乡村旅游、民俗旅游、探险旅游、生态旅游等多种形式的旅游产业以及现代服务业的发展。同时,云南资源型地区应充分利用地缘优势,主动融入"一带一路"的规划,加强跨境经济贸易,以开放来促发展。通过多元化的产业结构调整,将资源优势转化为生产力优势,实现资源的高效利用,经济的可持续发展。

（3）健全资源开发制度,缓解"资源贫困"效应

楚雄、红河、文山、西双版纳、大理、德宏、怒江、迪庆 8 个地区是云南资源富集地区,但因缺乏完善资源开发管理体系,自然资源被低价出售甚至无价剥夺,资源开发过程中产生的财富不断流入企业,资源地居民较少或完全不能分享资源开发效益,还要承担资源开发带来的环境污染、生活成本上涨等问题。对此,应建立归属清晰、权责分明、监管有效的资源产权制度,推进资源的规范化、法治化、信息化管理,从制度上保证了地方政府和当地居民均能参与资源的开发和经营。建立有效的资源利用分配机制,形成资源开发企业与资源地收益共享制度,并对资源状态、参与情况等问题做好动态监督。建立资源耗减及补偿账户,适当提高资源税税率,用于资源地环境治理和生态恢复。通过制度的完善形成资源开发与环境治理共进,社会公平和资源地扶贫并举的绿色发展模式。

（4）转变对外贸易方式,提升对外开放水平

云南具有良好的地缘优势,但对外开放质量不高。比如对外贸易发展较好

的红河、德宏,两地进出口主要以矿产、皮革、宝玉石、橡胶、木材和豆类等资源性产品居多,进口产品经初加工或者直接运往内地进行深加工或精加工,而出口的工业制成品大多数来自内地,进出口产品的本地化程度低,贸易附加值小,经济发展对资源、能源消耗较大。应从深度和广度上加强与外部的合作,将以资源性产品进出口贸易为主的单一格局转变为以贸易、产品精加工、技术投资、劳务合作和现代服务业协同发展的多领域全覆盖的开放格局,吸引国内外的技术、人才和资金,适当提高原材料加工产业的进入门槛,防止污染由东向西的"边移"和资源的过度消耗,提高对外开放质量和效益。

9.2.3　增强社会子系统服务力

为构建社会主义和谐社会,应加大对公共服务的转移支付力度,加强农村基础设施建设,缩小城乡差异,并通过教育资源、医疗条件、社会保障制度等优化,进一步提高社会发展水平,增强社会子系统的服务能力。

(1)优化城乡结构

云南省城乡二元结构显著。因此,需从多角度多途径优化城乡二元结构,促进云南城镇化进程。首先,依托云南在"一带一路"框架下具有重要的战略地位和优越的区位优势,以沿边口岸城镇为切入点,转边境地区为中国对南亚、东南亚开放的前沿,通过对外贸易加快城镇化进程。其次,借助省会昆明的辐射效应,以中心城市带动小城市的发展。最后,深度挖掘资源开发与城镇化建设的互动关系,通过资源开发过程中相关配套产业的发展带动周边人口的城镇化转移,形成资源开发型城市。

(2)加强基础设施建设

基础设施是社会发展的基础。良好的交通条件能打破地区的封闭状态,促进交流合作。云南部分通达条件较差的偏远地区,道路建设极不完善,给当地社会发展带来较大阻碍。因此,要结合各区域现有基础条件,根据自身发展需要加大改善交通运输条件投入力度,搭起与外界沟通的渠道。此外,还应完善通信基础设施,以信息化促进社会发展的现代化。

（3）建立教育优先发展区

由于社会历史原因,云南部分山区及少数民族地区教育发展普遍处于不利境地。基于公平、正义的角度,对处于劣势境地的群体应给予更多的财政补偿和政策倾斜,加大教育支出在财政支出中的占比。通过建立教育优先发展区,加强教育基础设施建设,加大教师的培训和引进力度,加大教育科研领域的投入力度,优先分配教育资源,真正做到在受教育面前人人平等。

（4）加强社会保障的政府主导性

云南是一个多民族省份,云南资源型地区社会保障制度的完善对于促进巩固边疆国防安全、实现民族平等和创建和谐社会具有重要的意义。受贫困问题突出、地方财力薄弱等因素的影响,云南资源型地区社会保障制度建设的自我发展能力不足,总体发展滞后。因此,需要政府承担更多的社会保障责任,通过中央和省级财政支持,平衡区域社会保障供给差异。同时,根据不同地区自然环境、人口结构和风俗习惯特征,完善分类施保的甄选机制,建立政府主导的社会保障差异化供给制度。

9.3　本章小结

根据前文对经济发展阶段、人地系统演化过程及未来发展趋势的测度结果,将楚雄、红河、文山、西双版纳、大理、德宏、怒江、迪庆 8 个地区人地系统演化过程大致划分为 3 个阶段,并梳理了各阶段人地系统演变的关键作用要素。

①20 世纪 80 年代以前,人地系统发展的第一阶段。这一阶段,上述 8 个地区主要处于原始文明及农业文明时期。自然子系统中的地理环境条件和自然资源分布是人地系统发展的主导因素,对当地的农业产出产生正向影响。

②1995 年,8 个地区基本进入人地系统发展的第二阶段,开始进入工业文明时期。经济、社会加速发展,自然子系统存量减小,污染、能耗成为阻碍系统良性发展的主导因素。

③2018 年后,进入人地系统发展的第三阶段,协调度发展趋于平稳。系统综合效率、科技水平成为系统演化路径分异的关键因素。

针对上述 8 个资源型地区人地系统协调发展演化特征,从意识、制度、结构 3 个方面提出人地系统优化建议。

①提出从增强公众环保意识,完善环境管理机制,发展循环经济,促进环保产业发展等方面加大自然子系统承载力。

②通过政绩考核制度调整,产业结构转型升级,资源开发管理制度的完善以及对外开放质量的提升优化经济子系统的驱动力。

③通过城乡结构优化,基础设施建设,教疗条件、社会保障制度等优化增强社会子系统的服务力。

10

结论与展望

10.1　结　论

本书基于对原有理论的归纳分析,定义了人地系统协调发展的内涵,围绕该定义展开对云南资源型地区人地系统演化趋势的测度研究,并在对各地区人地系统发展演化趋势测度的基础上提出协调发展的实现路径。得出主要结论如下。

(1)人地系统协调发展内涵

本书将人地系统协调发展定义为以实现系统整体效率最大化为导向,一定地域内自然、经济、社会子系统之间配合得当、相互促进的可持续发展状态。这一定义由 4 个方面的内容构成。

首先,人地系统是由自然、经济、社会子系统相互作用构成的复杂系统;其次,人地系统协调发展是一定区域内子系统及系统要素之间相互适应、彼此依赖、互为制约的一种状态;再次,人地系统协调发展是一个由低级到高级、由简单到复杂、由无序到有序的不断演化的过程;最后,人地系统协调发展的理想状态是,系统具有较强的自我调节能力,使经济子系统能在合理开发、利用资源的基础上,以较少的污染排放产出较多的符合社会需求的产品,社会子系统的人口素质、人的生活水平得到提高,最小化社会、经济子系统发展给自然子系统带来的影响和破坏,改善自然环境的供应状况,即以最低的资源、环境、劳力、资金消耗实现系统综合效率的最大化。

(2)云南资源型地区人地系统总体特征

云南资源型地区人地系统生态环境脆弱、经济发展缓慢、社会发展落后等特征显著,"人""地"矛盾突出。长期粗放式的社会、经济发展是致使云南资源型地区人地系统进入"资源开发-贫困-再开发-环境破坏-更贫困"的恶性循环怪圈的根源。要协调区域人地关系,必须确定合理的优化目标,引导人们的经济和社会活动不仅要符合经济子系统、社会子系统的反馈机制,满足自身对经济利益的追求,同时要符合自然子系统的反馈机制,并注重人地系统整体效率的提高。

(3)云南资源型地区人地系统协调发展关键因素

通过熵值法对指标体系中指标的权重计算的结果表明,自然子系统权重值最高的指标是工业固体废物综合利用率(0.36),说明发展循环经济对地区生态环境、提高自然子系统发展度有着强大的推动作用;经济子系统中,对外贸易总额权重值较大(0.33),表明对外贸易能有力拉动云南资源型地区经济发展;社会子系统中城镇化率权重较大(0.27),更能区分各地区之间社会发展度的差异。

(4)云南资源型地区人地系统协调发展测度结果

纵向分析表明,1995—2017年,各地区人地系统协调度及协调发展度均呈上升趋势,平均值由1995年的0.31上升到2017年的0.74,但协调发展度值低于协调度值,主要表现为低发展度的协调。在一定的协调发展度约束下,楚雄、红河、文山、西双版纳、大理、德宏、怒江、迪庆8个地区人地系统投入与产出平均综合效率值呈下降趋势。尤其2007年后,呈EDA无效的地区逐渐增多。表明各地区高投入、高消耗的发展模式依然没有得到有效改善。

横向分析表明,2017年,上述8个资源型地区人地系统协调度及协调发展度平均度低于我国总体水平。

(5)云南资源型地区人地系统协调发展演化趋势

2018—2025年预测结果显示,云南8个资源型地区人地系统基本进入协调发展的平稳阶段,但综合1995—2017年历史测度值与2018—2025年预测值来看,各地区经济、社会子系统发展度平均增长率均高于自然子系统,且多个地区自然子系统发展度出现负增长,尤其文山、大理、德宏等地平均增长率均小于零,分别为-1.07、-0.35、-0.25。楚雄、红河、文山、西双版纳、大理、德宏、怒江、迪庆地区人地系统总体经历了经济、社会子系统滞后型低投入低产出不协调发展阶段到经济、社会发展而自然子系统退化的高投入高产出的协调发展阶段，在一定程度上体现了自然子系统发展度与经济、社会子系统发展度之间的负相关关系。随着经济、社会的进一步发展，自然子系统将面临更大的压力，经济、社会子系统快速发展与自然子系统的不断退化呈现出的低效协调发展，最终将会由经济、社会发展而自然子系统退化的高投入高产出的协调发展阶段演化为强经济子系统、强社会子系统、弱自然子系统的不协调发展阶段，进而演化到弱经济子系统、弱社会子系统、弱自然子系统的失调不发展阶段。

（6）云南资源依赖型地区人地系统协调发展类型划分

根据协调发展度测度值及各子系统发展度差异，将2025年区域人地系统划分为6个类型：均衡-优良协调发展型（楚雄）；自然、社会子系统发展滞后-优良协调发展型地区（红河）；自然子系统发展滞后-优良协调发展型（德宏）；经济子系统发展滞后-优良协调发展型（西双版纳、大理）；自然子系统发展滞后-基本协调型（文山）；经济子系统发展滞后-轻度失调衰退型地区（怒江、迪庆）。

根据协调发展度与综合效率等级划分之间的匹配准则，将优良协调发展且综合效率有效的红河划分为一级匹配度最优的地区；将优良协调发展且综合效率较高的楚雄、西双版纳、大理划分为二级匹配度良好的地区；将优良协调发展但综合效率偏低的德宏，中等失调衰退但综合效率有效的迪庆，中等协调发展且综合效率偏低的文山，中等失调衰退且综合效率偏低的怒江归为三级匹配度较差的地区。

（7）云南资源依赖型地区人地系统低效协调发展作用要素

将云南8个资源型地区人地系统演化历程划分为3个阶段：第一阶段，人地系统发展主要受自然子系统中环境和资源禀赋因素的影响；第二阶段，社会经济发展加速，自然子系统存量减小，污染、能耗成为阻碍系统良性发展的主导因素；第三阶段，协调度发展趋于平稳，系统综合效率、科技水平成为系统演化路径分异的关键作用要素。

（8）云南资源依赖型地区人地系统优化建议

应从增强公众环保意识,完善环境管理机制,发展循环经济,促进环保产业发展等方面加大自然子系统承载力;通过政绩考核制度调整,产业结构转型升级,资源开发管理制度的完善以及对外开放质量的提升优化经济子系统的驱动力;通过城乡结构优化,基础设施建设,教疗条件、社会保障制度等优化增强社会子系统的服务力。

10.2 不足与展望

10.2.1 指标体系的建立有待进一步完善

本书基于文献整理,结合指标数据的可获得性及科学性原则建立了云南资源型地区人地系统协调发展度的测度指标体系。由于资料搜集困难以及政策、制度等主观因素目前难以量化,指标体系所含指标不够全面。今后若能将这些因素综合一并考查,也许能更加准确地描述人地系统协调发展程度。

10.2.2 协调发展驱动机制有待进行深入探讨

本书主要是对云南资源型地区人地系统协调发展演化过程的刻画及关键作用要素的分析,而对在不同参数及参数组合下系统将产生的不同响应,今后需开展更深入的研究。

参考文献

［1］吴传钧. 论地理学的研究核心:人地关系地域系统［J］. 经济地理, 1991, 11(3):1-6.

［2］Durr H. The Synopsis of large-scale maps and the study of man-land systems［J］. Resource Management & Optimization, 1983, 2(3):259-268.

［3］杨青山, 梅林. 人地关系、人地关系系统与人地关系地域系统［J］. 经济地理, 2001, 21(5):532-537.

［4］王黎明. 面向 PRED 问题的人地关系系统构型理论与方法研究［J］. 地理研究, 1997, 16(2):38-44.

［5］叶岱夫. 人地关系地域系统与可持续发展的相互作用机理初探［J］. 地理研究, 2001, 20(3):307 314.

［6］Holling C S. Resilience and stability of ecological systems［J］. Annual Review of Ecology & Systematics, 1973, 4(1):1-23.

［7］韩永学. 人地关系协调系统的建立:对生态伦理学的一个重要补充［J］. 自然辩证法研究, 2004, 20(5):5-9.

［8］王铮. 论人地关系的现代意义［J］. 人文地理, 1995, 10(2):1-5.

［9］王黎明, 关庆锋, 冯仁国, 等. 全球变化视角下人地系统研究面临的几个问题探讨［J］. 地理科学, 2003, 23(4):391-397.

［10］程斌武, 谭力文. 和谐的管理学阐释:协调管理观［J］. 科技进步与对策, 2005, 22(7):46-48.

［11］曾珍香, 顾培亮. 可持续发展的系统分析与评价［M］. 北京:科学出版

社,2000.

[12] 曾嵘,魏一鸣,范英,等.人口、资源、环境与经济协调发展系统分析[J].
系统工程理论与实践,2000,20(12):1-6.

[13] 蔡思复.我国区域经济协调发展的科学界定及其运作[J].中南财经大
学学报,1997(3):21-25.

[14] 魏后凯.区域经济发展的新格局[M].昆明:云南人民出版社,1995.

[15] Farrell M J. The measurement of productive efficiency[J]. Journal of the
Royal Statistical Society. Series A(General),1957,120(3):253-290.

[16] Charnes A, Cooper W W, Rhodes E. Measuring the efficiency of decision-
making units[J]. European Journal of Operational Research,1978,2(6):
429-444.

[17] 毛汉英.人地系统优化调控的理论方法研究[J].地理学报,2018,73
(4):608-619.

[18] Hermann, H. 协同学:理论与应用[M].杨炳奕,译.北京:中国科学技术
出版社,1990.

[19] 刘培哲.可持续发展与三维发展观[J].安徽科技,2004(10):4-6.

[20] 罗守贵,曾尊固.可持续发展指标体系研究述评[J].人文地理,1999,
14(4):54-59.

[21] Carol P. Harden. Framing and reframing questions of human-environment
interactions[J]. Annals of the Association of American Geographers,2012,
102(4):737-747.

[22] Turner B L I, Kasperson R E,Matson P A, et al. A framework for vulnera-
bility analysis in sustainability science[J]. Proceedings of the National A-
cademy of Sciences,2003,100(14):8074-8079.

［23］ 李旭旦.人文地理学论丛［M］.北京：人民教育出版社，1986.

［24］ 蔡运龙.人地关系思想的演变［J］.自然辩证法研究，1989，5（5）：48-
53.

［25］ Roxby P M. The scope and aims of human geography［J］. Scottish Geo-
graphical Magazine，1930，46（5）：276-290.

［26］ 方修琦.论人地关系的主要特征［J］.人文地理，1999，14（2）：24-26，
19.

［27］ 左伟，周慧珍，李硕，等.人地关系系统及其调控［J］.人文地理，2001，
16（1）：67-70.

［28］ 陈佑启，武伟.城乡交错带人地系统的特征及其演变机制分析［J］.地理
科学，1998，18（5）：418-424.

［29］ 曹利军，王华东.区域 PRED 系统可持续发展判别原理和方法［J］.中国
环境科学，1998，18（S1）：51-54.

［30］ 温琰茂，柯雄侃，王峰.人地系统可持续发展评价体系与方法研究［J］.
地球科学进展，1999，14（1）：51-55.

［31］ Hudak A T. Rangeland mismanagement in South Africa：failure to apply ec-
ological Knowledge［J］. Human Ecology，1999，27（1）：55-78.

［32］ Rajaram T，Das A. Screening for EIA in India：Enhancing effectiveness
through ecological carrying capacity approach［J］. Journal of Environmen-
tal Management，2011，92（1）：140-148.

［33］ 陈万旭，李江风，吴昆，等.新疆相对资源承载力评估模型构建及其实证
分析［J］.干旱区地理，2017，40（2）：453-461.

［34］ 哈斯巴根，李同升，周杜辉.主体功能农业区域的粮食安全人地关系研
究［J］.干旱区资源与环境，2011，25（12）：33-40.

[35] 王建华,顾元勋,孙林岩.人地关系的系统动力学模型研究[J].系统工程理论与实践,2003,23(1):128-131.

[36] Cheung, Norman Kin-Wai. At risk-natural hazards, people's vulnerability and disasters[J]. Geographical Journal,2007,173:189-190.

[37] Cutter S L. The vulnerability of science and the science of vulnerability[J]. Annals of the Association of American Geographers,2003,93(1):1-12.

[38] Renaud F, Jansky L. Risk and vulnerability in mountain regions:growing risk and vulnerability:the mountain challenge[J]. Mountain Research & Development,2008,28(2):166-167.

[39] Polsky C, Neff R,Yarnal B. Building comparable global change vulnerability assessments:the vulnerabilitysco-ping diagram[J]. Global Environmental Change,2007,17(3-4):472-485.

[40] 刘凯,任建兰,张宝雷.黄河三角洲人地系统脆弱性演化特征及其影响因素[J].经济地理,2019,39(6):198-204.

[41] Turner B L I, Kasperson R E,Matson P A, et al. A framework for vulnerability analysis in sustainability science[J]. Proceedings of the National Academy of Sciences,2003,100(14):8074-8079.

[42] 王勤花,张志强.地球的生态负债与人类的可持续发展挑战:WWF《生命行星报告2006》分析[J].生态学报,2008,28(5):2424-2429.

[43] 赵文武,刘月,冯强,等.人地系统耦合框架下的生态系统服务[J].地理科学进展,2018,37(1):139-151.

[44] 赵兴国,潘玉君,丁生,等.西藏人地关系研究[J].西藏研究,2010(5):104-111.

[45] 刘继生,陈彦光.基于GIS的细胞自动机模型与人地关系的复杂性探讨

[J].地理研究,2002,21(2):155-162.

[46] 刘建国,王琳.地理信息系统支持的临汾盆地古代人地关系研究[J].考古,2007(07):64-70.

[47] 吴传钧.人地关系地域系统的理论研究及调控[J].云南师范大学学报(哲学社会科学版),2008,40(2):1-3.

[48] 彭焜,朱鹤,王赛鸽,等.基于系统投入产出和生态网络分析的能源-水耦合关系与协同管理研究:以湖北省为例[J].自然资源学报,2018,33(9):1514-1528.

[49] Schumacher E F.Small is beautiful:economics as if people mattered[J].Ai Game Programming Wisdom,1973,293(Fall):155-156.

[50] Norgaard R B.Economic indicators of resource scarcity:A critical essay[J].Journal of Environmental Economics & Management,1990,19(1):19-25.

[51] 马世骏,王如松.社会-经济-自然复合生态系统[J].生态学报,1984,4(1):1-9.

[52] 戈峰,欧阳志云.整体、协调、循环、自生:马世骏学术思想和贡献[J].生态学报,2015,35(24):10007-10011.

[53] 王学军.地理环境人口承载潜力及其区际差异[J].地理科学,1992,12(4):322-328.

[54] 徐强.区域矿产资源承载能力分析几个问题的探讨[J].自然资源学报,1996,11(2):135-141.

[55] 高吉喜.可持续发展理论探索[M].北京:中国环境科学出版社,2001.

[56] 樊杰,周侃,王亚飞.全国资源环境承载能力预警(2016版)的基点和技术方法进展[J].地理科学进展,2017,36(3):266-276.

[57] Rees W E. Ecological footprints and appropriated carrying capacity: what urban economics leaves out[J]. Focus, 1992, 6(2): 121-130.

[58] 张风丽, 龚新蜀. 基于生态足迹模型的新疆绿洲生态经济协调发展能力研究[J]. 科技管理研究, 2014, 34(10): 219-223.

[59] 杨莉, 温勇, 徐铭东. 基于生态足迹模型的青海省人口与资源环境协调发展研究[J]. 西北人口, 2014, 35(2): 35-39.

[60] 廖重斌. 环境与经济协调发展的定量评判及其分类体系: 以珠江三角洲城市群为例[J]. 热带地理, 1999, 19(2): 171-177.

[61] 吴艳艳, 袁家冬. 2000—2015 年陕西省城镇化发展协调度空间演化[J]. 经济地理, 2018, 38(7): 75-83.

[62] Solow, R. M. Intergenerational equity and exhaustible resources[J]. Review of Economic Studies, 1974, 41(5): 29-45.

[63] Cumberland J H. A regional interindustry model for analysis of development objectives[J]. Papers of the Regional Science Association, 1966, 17(1): 65-94.

[64] DALY, He. Economics as a life science[J]. Journal of Political Economy, 1968, 76(3): 392-406.

[65] Wassily, Leontief. Environmental repercussions and the economic structure: an input-output approach[J]. Review of Economics & Statistics, 1974, 56(1): 109-110.

[66] Romer P M. Endogenous technological change[J]. Journal of political economy, 1990, 98(5): 71-102.

[67] Robert E. Lucas Jr. On the mechanics of economic development[J]. Journal of Monetary Economics, 1999, 22(1): 3-42.

[68] Grossman, Gene M, Krueger, Alan B. Economic growth and the environment[J]. The Quarterly Journal of Economics, 1995, 110(2): 353-377.

[69] Grossman G M, Krueger A B. Environmental impacts of a north american free trade agreement[J]. Social Science Electronic Publishing, 1991, 8 (2): 223-250.

[70] Soumyananda Dinda. Environmental kuznets curve hypothesis: A survey [J]. Ecological Economics, 2004, 49(4): 431-455.

[71] Galeotti M, Lanza A, Pauli F. Reassessing the environmental kuznets curve for CO_2, emissions: A robustness exercise[J]. Ecological Economics, 2006, 57(1): 152-163.

[72] V. Lantz, Q. Feng. Assessing income, population, and technology impacts on CO_2, emissions in Canada: Where's the EKC[J]. Ecological Economics, 2006, 57(2): 229-238.

[73] Copeland B R, Taylor M S. Trade, growth, and the environment[J]. Journal of Economic Literature, 2004, 42(1): 7-71.

[74] Soumyananda Dinda. Environmental kuznets curve hypothesis: A survey [J]. Ecological Economics, 2004, 49(4): 431-455.

[75] 鲁晓东,许罗丹,熊莹. 水资源环境与经济增长:EKC 假说在中国八大流域的表现[J]. 经济管理, 2016, 42(1): 20-29.

[76] Selden T M, Song D. Environmental quality and development: is there a kuznets curve for Air pollution emissions[j]. Journal of environmental economics & management, 1994, 27(2): 147-162.

[77] Xue B, Zhang Z, Guo X, et al. A study on the coupling relationships between regional economic growth and environmental pressure: case of ningx-

ia autonomous region[J]. Ecology & Environmental Sciences, 2010, 19
(5):1125-1131.

[78] 逯进,常虹,汪运波.中国区域能源、经济与环境耦合的动态演化[J].中
国人口资源与环境,2017,27(2):60-68.

[79] Fang C, Liu H, Li G. International progress and evaluation on interactive
coupling effects between urbanization and the eco-environment[J]. Journal
of Geographical Sciences, 2016, 26(8):1081-1116.

[80] Xueqin, WANG. Spatiotemporal evolution of urban air quality and socioe-
conomic driving forces in China[J]. Journal of Geographical Sciences,
2016, 26(11):1533-1549.

[81] 何文举.城市规模扩展的环境与资源潜力协调度分析:以湖南省为例
[J].经济地理,2017,37(1):98-106.

[82] Barbera E, Currò C, Valenti G. A hyperbolic model for the effects of ur-
banization on air pollution[J]. Applied Mathematical Modelling, 2010, 34
(8):2192-2202.

[83] 廖重斌.环境报道问题分析及对策[J].新闻采编,2000(6):29-30.

[84] 杨银峰,石培基.甘肃省城市可持续发展系统协调发展评价研究[J].经
济地理,2011,31(1):66-71.

[85] 王毅,丁正山,余茂军,等.基于耦合模型的现代服务业与城市化协调关
系量化分析:以江苏省常熟市为例[J].地理研究,2015,34(1):97-
108.

[86] 李茜,胡昊,李名升,等.中国生态文明综合评价及环境、经济与社会协
调发展研究[J].资源科学,2015,37(7):1444-1454.

[87] 周成,冯学钢,唐睿.区域经济-生态环境-旅游产业耦合协调发展分析

与预测:以长江经济带沿线各省市为例[J].经济地理,2016,36(3):186-193.

[88] 方创琳,鲍超.黑河流域水-自然-经济发展耦合模型及应用[J].地理学报,2004,59(5):781-790.

[89] 盖美,聂晨,柯丽娜.环渤海地区经济-资源-环境系统承载力及协调发展[J].经济地理,2018,38(7):163-172.

[90] 吴跃明,郎东锋,张子珩,等.环境-经济系统协调度模型及其指标体系[J].中国人口·资源与环境,1996,6(2):47-50.

[91] 杨世琦,王国升,高旺盛,等.区域生态经济系统协调度评价研究:以湖南省益阳市资阳区为例[J].农业现代化研究,2005,26(4):298-301.

[92] 孟庆松,韩文秀.复合系统协调度模型研究[J].天津大学学报,2000,33(4):444-446.

[93] 刘耀彬,李仁东,张守忠.城市化与生态环境协调标准及其评价模型研究[J].中国软科学,2005(5):140-148.

[94] 高晓燕,李媛媛,李瑞晶.县域经济、县域金融及其协同发展-基于复合系统协调度模型的检验[J].江汉论坛,2016(6):53-59

[95] 黄德春,胡浩东,田鸣.中国生态-经济协同发展实证研究-基于复合系统协调度模型[J].环境保护,2018,46(14):39-44.

[96] 张效莉.人口、经济发展与生态环境系统协调性测度及应用研究[D].成都:西南交通大学,2007.

[97] 杨士弘.广州城市环境与经济协调发展预测及调控研究[J].地理科学,1994,14(2):136-143.

[98] 温薇.黑龙江省跨区域生态补偿协调机制研究[D].哈尔滨:东北林业大学,2019.

［99］叶民强,张世英.区域经济、社会、资源与环境系统协调发展衡量研究
　　　［J］.数量经济技术经济研究,2001,18(8):55-58.

［100］汤铃,李建平,余乐安,等.基于距离协调度模型的系统协调发展定量
　　　评价方法［J］.系统工程理论与实践,2010,30(4):594-602.

［101］曾珍香,张培,王欣菲.基于复杂系统的区域协调发展:以京津冀为例
　　　［M］.北京:科学出版社,2010.

［102］祝爱民,夏冬,于丽娟.基于模糊综合评判的县域科技进步与经济发展
　　　的协调性分析［J］.科技进步与对策,2007,24(11):193-196.

［103］于瑞峰,齐二石,毕星.区域可持续发展状况的评估方法研究及应用
　　　［J］.系统工程理论与实践,1998(5):1-6.

［104］Charnes A, Cooper W W, Rhodes E. Measuring the efficiency of decision
　　　making units［J］. European Journal of Operational Research, 1978, 2
　　　(6):429-444.

［105］魏权龄.评价相对有效性的 DEA 方法:运筹学的新领域［M］.北京:中
　　　国人民大学出版社,1988.

［106］柯健,李超.基于 DEA 聚类分析的中国各地区资源、环境与经济协调
　　　发展研究［J］.中国软科学,2005(0):144-148.

［107］樊华,陶学禹.复合系统协调度模型及其应用［J］.中国矿业大学学报,
　　　2006,35(4):515-520.

［108］徐盈之,吴海明.环境约束下区域协调发展水平综合效率的实证研究
　　　［J］.中国工业经济,2010(8):34-44.

［109］刘满凤.中部地区六省科技发展与经济发展的协调性比较分析［J］.科
　　　技管理研究,2010,30(1):74-77.

［110］杨玉珍.中西部地区生态-环境-经济-社会耦合系统协同发展研究

[M].北京:中国社会科学出版社,2014.

[111] 张意翔,成金华,徐卓程,等.中国区域生态建设协调度评价及提升:基于能源技术专利数据[J].中国人口·资源与环境,2019,29(6):58-64.

[112] 郑长德.新时代民族地区区域协调发展研究[J].西南民族大学学报(人文社科版),2018,39(4):92-100.

[113] 温军.中国少数民族地区人口、资源、环境与社会协调发展问题研究[J].资源科学,1999,21(2):36-43.

[114] 马志荣.西部民族地区资源、环境与经济社会协调发展的路径选择[J].开发研究,2005(3):74-76.

[115] 龙少波,罗添元.民族地区经济增长与环境污染的Kuznets曲线实证分析-基于1999—2008民族地区面板数据[J].贵州财经学院学报,2010(5):87-93.

[116] 张千友,王兴华.民族地区:自然资源、经济增长与经济发展方式的转变研究:基于2000—2009省际面板数据的实证分析[J].中央民族大学学报(哲学社会科学版),2011,38(4):24-30.

[117] 郑长德.中国少数民族地区经济发展质量研究[J].民族学刊,2011,2(1):1-11,83.

[118] 刘海洋.云南少数民族自治州能源消耗影响研究[D].昆明:昆明理工大学,2016.

[119] 张明军.云南民族地区经济发展与生态建设耦合研究[D].昆明:云南师范大学,2017.

[120] 王金亮,古静.云南民族文化中环境与生物多样性保护意识探析[J].云南师范大学学报(哲学社会科学版),2009,41(1):35-43.

[121] 徐梅,李朝开,李红武.云南少数民族聚居区生态环境变迁与保护:基于法律人类学的视角[J].云南民族大学学报(哲学社会科学版),2011,28(2):31-36.

[122] 胡阳全.云南民族地区的生态环境保护[J].云南民族大学学报(哲学社会科学版),2007,24(3):16-20.

[123] 林文勋,张锦鹏.云南少数民族村寨经济发展的结构特征[J].云南师范大学学报(哲学社会科学版),2002,34(1):63-69.

[124] 李明文.非经济因素对边疆多民族贫困地区经济发展的影响及对策:云南澜沧拉祜族自治县竹塘乡调查研究[J].思想战线,1997(6):64-68.

[125] 刘寒雁,吕昭河,余游.云南少数民族地区教育结构配置与社会经济发展[J].云南师范大学学报(哲学社会科学版),2006,38(4):83-87.

[126] 韩斌.发展低碳经济实现云南边疆民族地区跨越式发展的思考[J].中国人口·资源与环境,2011,21(S1):497-500.

[127] 李美娟,刘姣.云南少数民族地区经济发展失衡的原因与对策[J].资源开发与市场,2013,29(3):294-298.

[128] 陈贻娟,吴映梅,胡秀玉.云南民族地区经济社会和谐发展研究:以德宏州为例[J].经济问题探索,2008(12):118-123.

[129] 李晓斌,周真刚.云南人口较少民族社会发展的结构性差异与文化变迁[J].中央民族大学学报(哲学社会科学版),2010,37(5):17-24.

[130] 李小云,杨宇,刘毅.中国人地关系演进及其资源环境基础研究进展[J].地理学报,2016,71(12):2067-2088.

[131] 崔学刚,方创琳,刘海猛,等.城镇化与生态环境耦合动态模拟理论及方法的研究进展[J].地理学报,2019,74(6):1079-1096.

[132] 兰宜生,徐小锋.城镇化能够提高环境绩效吗?[J].经济经纬,2019,36(4):1-8.

[133] 沈镭,高丽.中国西部能源及矿业开发与环境保护协调发展研究[J].中国人口·资源与环境,2013,23(10):17-23.

[134] 程慧,徐琼,郭尧琦.我国旅游资源开发与生态环境耦合协调发展的时空演变[J].经济地理,2019,39(7):233-240.

[135] 彭宜钟.产业结构理论综述[J].北方经济,2010(12):33-35.

[136] 邹东涛,蒋正华,王再文,等.中国企业公民报告(2009)[M].北京:中国社会科学出版社,2009.

[137] 陆雄文.管理学大辞典[M].上海:上海辞书出版社,2013.

[138] 彭一然.中国生态文明建设评价指标体系构建与发展策略研究[D].北京:对外经济贸易大学,2016.

[139] 朱庆芳.社会发展指标体系的建立与应用[J].中国人口·资源与环境,1995,5(2):57-60.

[140] 彭博,方虹,李静,等.中国区域经济-社会-环境的耦合协调度发展研究[J].生态经济,2017,33(10):43-47,75.

[141] 廖重斌.环境与经济协调发展的定量评判及其分类体系:以珠江三角洲城市群为例[J].热带地理,1999,19(2):171-177.

[142] 陈长杰,马晓微,魏一鸣,等.基于可持续发展的中国经济-资源系统协调性分析[J].系统工程,2004,22(3):34-39.

[143] 王金南,逯元堂,周劲松,等.基于 GDP 的中国资源环境基尼系数分析[J].中国环境科学,2006,26(1):111-115.

[144] R. Duncan Luce. Uniqueness and homogeneity of ordered relational structures[J]. Journal of Mathematical Psychology,1986,30(4):391-415.

［145］赵佳风,马占新.广义 DEA 有效测度下中国省际经济发展效率分析［J］.数学的实践与认识,2018,48(17):86-97.

［146］云南减灾年鉴编委会.云南减灾年鉴(2006—2007)［M］.昆明:云南科技出版社,2008.

［147］李果,王应明.对 DEA 聚类分析方法的一种改进［J］.预测,1999(4):66-67.

［148］张尧庭,方开泰.多元统计分析引论［M］.北京:科学出版社,1982.

［149］Davies N, Chatfield C. The analysis of time series:An introduction［J］. The Mathematical Gazette, 1990, 74(468):194.

［150］王立柱.时间序列模型及预测［M］.北京:科学出版社,2018.

［151］郑璞,丁志斌.水平潜流人工湿地 COD 去除回归方程的建立及应用［J］.环境科学学报,2011,31(9):1955-1961.

［152］侯小秋.随机多变量 NARMAX 模型的非线性递推最小二乘算法［J］.厦门理工学院学报,2019,27(3):8-14.

［153］张旭.基于循环神经网络的时间序列预测方法研究［D］.南京:南京大学,2019.

［154］朱大奇,史慧.人工神经网络原理及应用［M］.北京:科学出版社,2006.

［155］王小凡,朱永强.基于 GA-BP 神经网络模型的交通流量预测［J］.牡丹江大学学报,2019,28(6):105-108.

［156］阮秀凯,刘莉,张耀举,等.现代无线通信系统盲处理技术新进展:基于智能算法［M］.上海:复旦大学出版社,2015.01.

［157］杨文光,刘海生.计算智能与统计模型应用［M］.长春:吉林大学出版社,2019.

[158] 杨晓琴. 群智能优化算法原理及应用[M]. 太原:山西经济出版社, 2019.

[159] 武艳强,黄立人. 时间序列处理的新插值方法[J]. 大地测量与地球动力学, 2004, 24(4):43-47.

[160] 黄毅. 资源依赖型经济转型与资源诅咒的化解[J]. 云南社会科学, 2009(2):87-91.

[161] 屈燕妮. 资源型区域经济发展与环境约束研究:以内蒙古为例[D]. 武汉:武汉理工大学, 2012.

[162] 崔满红,等. 资源依赖型区域转型发展的财政金融对策研究 财政金融[M]. 北京:中国财政经济出版社, 2012.